定期テスト **ズバリよくでる** 英語 3年 **教育出版版** 中学英語3

JN125648

# もくじ

**取り外してお使いください** 赤シート＋直前チェックBOOK,別冊解答

※全国の定期テストの標準的な出題範囲を示しています。学校の学習進度とあわない場合は、「あなたの学校の出題範囲」欄に出題範囲を書きこんでお使いください。

## Step 1 基本チェック : Review Lesson *Washoku*, or Japanese Cuisine

 5分

■ 赤シートを使って答えよう！

### ❶ [疑問詞＋to＋動詞の原形]

□❶ あなたはチェスの遊び方を知っていますか。
Do you know [ how ] [ to ] play chess?
□❷ 私は彼女の誕生日に何を買えばいいのかわかりません。
I don't know [ what ] [ to ] buy for her birthday.

### ❷ [SVOC（目的語＋補語）の文]

□❶ 彼らは息子をジムと名づけました。
They named their [ son ] [ Jim ].
□❷ この歌は私を楽しい気持ちにします。
This song makes [ me ] [ happy ].

### ❸ [It is … ＋（for＋人＋）to＋動詞の原形]

□❶ 私たちがこの仕事をするのは簡単です。
[ It ] is easy [ for ] us [ to ] do this job.
□❷ あなたがこの数学の問題を解くのは難しいですか。
Is [ it ] hard [ for ] you [ to ] solve this math problem?

解答欄
❶ ____
❷ ____
❶ ____
❷ ____
❶ ____
❷ ____

## POINT

**❶ [疑問詞＋to＋動詞の原形]**
〈疑問詞(when, where, what)＋to＋動詞の原形〉は「いつ（どこで，何を）〜するのか[〜すべきか]」を表す。また〈how to＋動詞の原形〉は「どのように〜するのか」「〜する方法[仕方]」を表す。
・I don't know where to buy the ticket. ［どこでチケットを買うべきかわかりません。］
・Do you know how to draw the character? ［あなたは登場人物の描き方を知っていますか。］

**❷ [SVOC（目的語＋補語）の文]**
call, name, makeなどがこの形をとる。意味の上では，O（目的語）＝C（補語）という関係になる。「〜を…と呼ぶ[と名づける]」は「〈call[name]＋(代)名詞＋名詞〉の形で表し，「〜を…にする」は「〈make＋(代)名詞＋形容詞〉の形で表す。
・People call the tower Big Ben. ［人々はその塔をビッグ・ベンと呼びます。］
・The news makes me sad. ［その知らせは私を悲しい気持ちにさせます。］

**❸ [It is … ＋（for＋人＋）to＋動詞の原形]**
「（人が）〜するのは…である」という文は，itを主語にして表す。このitは後ろのto 〜を表す形式的な主語。「それは」とは訳さず，to 〜の部分を主語のようにして訳す。

It is easy for me to solve math problems. ［私には数学の問題を解くことはやさしいです。］
└形式的な主語 └本当の主語
To solve math problems is easy for me.
└[数学の問題を解くこと]（長い主語）

## Step 2 予想問題 ・ Review Lesson *Washoku*, or Japanese cuisine 〔10分〕

❶ ❶〜❹は単語の意味を書き，❺〜❽は日本語を英語になおしなさい。

□❶ basic （　　　　　　）　□❷ own （　　　　　　）

□❸ French （　　　　　　）　□❹ tradition （　　　　　　）

□❺ 機会 ＿＿＿＿＿＿＿　□❻ 〜を発見する＿＿＿＿＿＿

□❼ 〜と名づける＿＿＿＿＿＿　□❽ シェフ, 料理長 ＿＿＿＿＿＿

**点UP** ❷ 次の語で最も強く発音する部分の記号を○で囲みなさい。

□❶ sur-prised　　□❷ rec-om-mend　　□❸ tra-di-tion
　　　ア　イ　　　　　　ア　イ　ウ　　　　　　ア　イ　ウ

❸ 日本語に合う英文になるように，＿＿に適切な語を書きなさい。

□❶ リズは日本で何を食べるべきかわかりません。

Liz doesn't know ＿＿＿＿＿＿ ＿＿＿＿＿＿ eat in Japan.

**点UP** □❷ 私はのり巻きの作り方を知っています。

I know ＿＿＿＿＿＿ ＿＿＿＿＿＿ ＿＿＿＿＿＿ *norimaki.*

□❸ いつ私のスピーチを始めるべきか教えてください。

Please tell me ＿＿＿＿＿＿ ＿＿＿＿＿＿ ＿＿＿＿＿＿ my speech.

□❹ メイはシンガポールのどこを訪れるべきかを教えてくれました。

Mei told me ＿＿＿＿＿＿ ＿＿＿＿＿＿ ＿＿＿＿＿＿ in Singapore.

❹ 日本語に合う英文になるように，（　）内の語句を並べかえなさい。

□❶ 私たちはこの食べ物を日本語でおにぎりと呼びます。

We ( *onigiri* / in / call / Japanese / this food ).

We ＿＿＿＿＿＿＿＿＿＿＿＿＿＿＿＿＿＿＿.

□❷ その本を読むと，私は眠くなりました。

The ( me / book / sleepy /made ).

The ＿＿＿＿＿＿＿＿＿＿＿＿＿＿＿＿＿.

□❸ 母親といっしょにクッキーを作ることは彼女にとって楽しいです。

( fun / is / for / to / make / her / it ) cookies with her mother.

＿＿＿＿＿＿＿＿＿＿＿ cookies with her mother.

---

**ヒント**

❶
❷形容詞。
❺cで始まる。カタカナ語にもなっている。
❻dで始まる。

❷
-tion にアクセントがくることはないよ。

❸
❶「何を〜すべきか」を意味する表現。
❷「〜の仕方」を意味する表現。
❸「いつ〜すべきか」の表現。
❹「どこを〜すべきか」の表現。

❹
❶callのあとの語順を考える。
❷「その本は私を眠くさせました。」と言いかえて考える。
❸形式的な主語itを使った文にする。

## Step 3 予想テスト : Review Lesson *Washoku*, or Japanese cuisine

30分 目標 80点 /100点

**❶** 日本語に合う英文になるように，＿＿に適切な語を書きなさい。知  24点(各完答6点)

① 歴史について新しいことを発見することは私にとっておもしろいです。

＿＿＿＿ is interesting ＿＿＿＿ me to ＿＿＿＿ new things about history.

② 和食は日本の偉大な伝統です。私は和食の基本の料理本を買いたいです。

*Washoku* is one of Japan's great ＿＿＿＿. I want to buy a ＿＿＿＿ *washoku* cookbook.

③ 私は授業中に自分自身のスピーチをする機会がありませんでした。

I didn't have a ＿＿＿＿ to give my ＿＿＿＿ speech* during the class.

④ シェフになる方法を知っていますか。

Do you know ＿＿＿＿ ＿＿＿＿ become a ＿＿＿＿?

*speech「スピーチ，演説」

**❷** 日本語に合う英文になるように，（　）内の語句を並べかえなさい。知  21点(各7点)

① いつ北海道を訪れるべきか，教えてください。

Please ( to / me / when / tell / visit ) Hokkaido.

② 私たちはこの魚を日本語で「マグロ」と呼びます。

We ( *maguro* / Japanese / this / in / call / fish ).

③ 私たちにとって毎日朝食を食べることは重要です。

It is ( for / eat / to / breakfast / important / us ) every day.

**❸** 次の文を読んで，あとの問いに答えなさい。知 表  31点

Paul told me about the five basic ①( 　 ) in Japanese cuisine. They are sweet, sour, bitter, salty, and umami. ②Umami ( 　 ) ( 　 ) by a Japanese scientist more than one hundred years ago. ③(彼はその味をうまみと名づけました。) I didn't know that umami is now an English word and ④known ( 　 ) many chefs around the world.

⑤( me / learn / so interesting / to / for / it / was ) about Japanese cuisine from a French person. I want to learn more about food traditions of my own country!

① 下線部①の（　）に入れるのに最も適切な語を選びなさい。 (5点)

㋐ arts　　㋑ foods　　㋒ tastes　　㋓ skills

② 下線部②が「うまみは発見された」の意味になるように（　）に適切な語を書きなさい。　**(5点)**

③ 下線部③を5語の英語になおしなさい。　**(8点)**

④ 下線部④が「〜に知られている」の意味になるように（　）に適切な語を書きなさい。　**(3点)**

⑤ 下線部⑤の（　）内の語句を並べかえて，正しい英文にしなさい。　**(10点)**

❹ 次の日本文を（　）内の指示に従って英語になおしなさい。表　24点(各8点)

① 私は次に何をすればよいかわかりません。(nextを使って7語で)

② 彼らはその博物館への行き方がわかりませんでした。(get to 〜を使って9語で)

③ どうしてあなたは怒ったのですか。(whatを主語にして4語で)

| ❶ | ① | | |
|---|---|---|---|
| | ② | | |
| | ③ | | |
| | ④ | | |
| ❷ | ① | | |
| | ② | | |
| | ③ | | |
| ❸ | ① | ② | |
| | ③ | | |
| | ④ | | |
| | ⑤ | | |
| ❹ | ① | | |
| | ② | | |
| | ③ | | |

Review Lesson

## Step 1 基本チェック ● Lesson 1  Aya Visits Canada ～ Tips ② for Writing

5分

■ 赤シートを使って答えよう！

### ❶ [現在完了形（完了）]

解答欄

☐ ❶ 私はもう部屋を掃除しました。
   I [ have ] [ already ] cleaned my room.

❶ _____

☐ ❷ あなたはもうその本を読みましたか。
   ── はい，読みました。/ いいえ，読んでいません。
   [ Have ] you read the book [ yet ]?
   ── Yes, I [ have ]. / No, I [ haven't ].

❷ _____
_____
_____
_____

### ❷ [現在完了形（経験）]

❶ _____

☐ ❶ 私は韓国に2度行ったことがあります。
   I have [ been ] to Korea [ twice ].

❷ _____

☐ ❷ ジムはおにぎりを1度も食べたことがありません。
   Jim [ has ] [ never ] eaten rice balls.

❸ _____

☐ ❸ あなたはこれまでにこの本について聞いたことがありますか。
   Have you [ ever ] [ heard ] of this book?

_____

### POINT ....................................................................

〈have[has] + 動詞の過去分詞形〉の形を現在完了形という。

### ❶ [現在完了形（完了）]

現在完了形は，動作が完了したことや，まだ完了していないことを表すことができる。これを現在完了の「完了用法」という。

①完了用法の文ではjust（ちょうど）やalready（すでに）がよく使われる。
・I have just finished my homework.　[私はちょうど宿題を終えたところです。]
②yetは文末に置かれ，疑問文では「もう」，否定文では「まだ」という意味を表す。
・Have you seen the movie yet?　[あなたはもうその映画を見ましたか。]
・I haven't seen the movie yet.　[私はまだその映画を見ていません。]

### ❷ [現在完了形（経験）]

現在完了形は，これまでに経験したことを表すこともできる。これを現在完了の「経験用法」という。

①経験用法の文ではbefore（以前に），once（1度），twice（2度），many times（何度も）などがよく使われる。
・I have read the book before.　[私は以前にその本を読んだことがあります。]
②疑問文ではever（これまでに[今までに]），否定文ではnever（1度も～ない）がよく使われる。
・Have you ever been to Okinawa?　[あなたはこれまでに沖縄に行ったことがありますか。]
・I have never been to Okinawa.　[私は沖縄に1度も行ったことがありません。]

## Step 2 予想問題 Lesson 1 Aya Visits Canada ～ Tips ② for Writing

20分
(1ページ10分)

❶ ❶～❽は単語の意味を書き，❾～⓲は日本語を英語になおしなさい。

□❶ lighthouse （　　　　　　） □❷ harbor （　　　　　　）

□❸ roast （　　　　　　） □❹ translate （　　　　　　）

□❺ someday （　　　　　　） □❻ series （　　　　　　）

□❼ boil （　　　　　　） □❽ tender （　　　　　　）

□❾ 東 _____ □❿ 主人 _____

□⓫ 登る _____ □⓬ 一歩踏み込む_____

□⓭ もう，すでに_____ □⓮ ～を加える _____

□⓯ (時間が)経つ_____ □⓰ (食事・飲みもの)を出す_____

□⓱ これまでに _____ □⓲ の匂いをかぐ_____

💡ヒント

❶
❸形容詞。
❻カタカナ語。
❽形容詞。
⓫発音しない文字を含む。
⓭⓱完了形でよく使われる語。
⓯「手渡す」「通りすぎる」「合格する」などの意味もある。

❷ 次の語で最も強く発音する部分の記号を〇で囲みなさい。

□❶ trans-late
　　ア　イ

□❷ se-ries
　　ア　イ

□❸ fan-tas-tic
　　ア　イ　ウ

□❹ veg-e-ta-ble
　　ア　イ　ウ　エ

❷ ✕ ミスに注意
❷カタカナ語の発音に注意。

❸ （　）内に入れるのに最も適切な語を，㋐～㋓から選びなさい。

□❶ Thanks for （　　） us a nice restaurant in this town.
　　㋐ recommending　㋑ letting　㋒ catching　㋓ talking

□❷ John, have you tried sushi （　　）?
　　㋐ yesterday　㋑ always　㋒ then　㋓ before

❸

❷現在完了形は過去の特定の時点を表す語句といっしょには使えないよ！ただし，since ～の形では，使用可能だよ。

❹ 日本語に合う英文になるように，____に適切な語を書きなさい。

□❶ アリスのことは聞きましたか。
　　Have you _____ _____ Alice?

点UP

□❷ 夢を見ているみたいに感じます！
　　I _____ _____ I'm dreaming!

□❸ 私はもう玉ねぎを刻みました。
　　I have already _____ _____ an onion.

❹
❶「～のことを耳にする」
❷「～のように感じる」
❸「～を刻む」は「細かく切る」ということ。

**❺ 次の英文を日本語になおしなさい。**

□ ❶ I have just finished eating my lunch.
（　　　　　　　　　　　　　　　　　　　　　　　　　）

□ ❷ Have you ever been to Tokyo Skytree?
（　　　　　　　　　　　　　　　　　　　　　　　　　）

□ ❸ She has listened to that song many times.
（　　　　　　　　　　　　　　　　　　　　　　　　　）

**❻ 日本語に合う英文になるように，（　）内の語句を並べかえなさい。**

□ ❶ 私はこれまであなたの国を訪れる機会がありませんでした。
I ( to / a chance / visit / haven't / had ) your country.
I ＿＿＿＿＿＿＿＿＿＿＿＿＿＿＿＿＿＿＿ your country.

□ ❷ 彼は以前，電車の中でその俳優を見かけたことがあります。
He ( seen / the train / on / has / before / the actor ).
He ＿＿＿＿＿＿＿＿＿＿＿＿＿＿＿＿＿＿＿.

□ ❸ あなたはもうモナ・リザを見ましたか。
( you / the Mona Lisa / seen / yet / have )?
＿＿＿＿＿＿＿＿＿＿＿＿＿＿＿＿＿＿＿?

**❼ 次の日本語を（　）内の語を使って英語になおしなさい。**

□ ❶ 私はちょうど学校から帰ってきたところです。(just)
＿＿＿＿＿＿＿＿＿＿＿＿＿＿＿＿＿＿＿

□ ❷ あなたはこれまでに金閣寺に行ったことがありますか。
(ever, Kinkaku-ji Temple)
＿＿＿＿＿＿＿＿＿＿＿＿＿＿＿＿＿＿＿

□ ❸ 私はまだレポートを書いていません。(my report, yet)
＿＿＿＿＿＿＿＿＿＿＿＿＿＿＿＿＿＿＿

**💡ヒント**

❺
❶現在完了の完了用法。
❷❸現在完了の経験用法。

現在完了の完了用法の意味は，「〜したところだ」で，経験用法の意味は「(今までに)〜したことがある」だよ。

**❻ ❌ミスに注意**
❷のbeforeは文末に置くことに注意。

❸yetは疑問文中では「もう」の意味で，否定文中では「まだ」の意味になるよ。整理して覚えよう！

❼
❶「〜から帰る」come back from 〜。
❷「これまでに」ever。

**Step 3** 予想テスト ｜ **Lesson 1 Aya Visits Canada ～ Tips ② for Writing** ｜ 30分 ｜ /100点 目標80点

❶ 日本語に合う英文になるように，＿＿に適切な語を書きなさい。知 　20点（各完答5点）

① 私は1度富士山に登ったことがあります。

I ＿＿＿ ＿＿＿ Mt. Fuji ＿＿＿.

② そんなテレビシリーズのことは1度も聞いたことがありません。

I have never ＿＿＿ ＿＿＿ such a TV ＿＿＿.

③ 母はすでにいくつかの野菜を刻みました。

My mother has ＿＿＿ ＿＿＿ ＿＿＿ some vegetables.

④ う～ん，それはすごくいい匂いがするね。早く出されないかなあ。

Mmm ...., it ＿＿＿ so good. I hope it will be ＿＿＿ soon.

❷ 日本語に合う英文になるように，（　）内の語句を並べかえなさい。知 　10点（各5点）

① 私はすでに，今晩のカレーのためのシーフードをいくらか買いました。

I ( some / already / bought / seafood / have ) for curry tonight.

② あなたはこれまでにカナダに行ったことがありますか。

( to / been / have / ever / you ) Canada?

❸ 次の対話文について（　）に入れるのに，最も適切な文の記号を書きなさい。知 　10点（各5点）

① *Father:* We'll take a trip to Kyoto next week.

　*Girl:* （　　）

㋐ Yes, I did.　　㋑ I can't wait!　　㋒ I have no idea.　　㋓ Great job!

② *Girl:* The sea around Okinawa is very beautiful, isn't it?

　*Boy:* （　　）I've never seen such a beautiful sea!

㋐ No, I haven't seen it.　　㋑ Yes, I was there.

㋒ No, I don't think so.　　㋓ Yes, you're right.

❹ 次の文を読んで，あとの問いに答えなさい。知 表 　44点

*Lucy:* ①Tomorrow we're go to visit Green Gables!

　*Aya:* The house of *Anne of Green Gables*, right? Great!

*Lucy:* Oh, ②（あなたは彼女のことを聞いたことがあるのですか。）

　*Aya:* Yes, she is popular in Japan. The book *Anne of Green Gables* was translated ③( into, on, at ) Japanese. ④I've read it in Japanese before, but I want to read it in

English ⑤(　　　). I've also watched the TV series.

*Lucy:*　Then you'll love Green Gables.　You'll ⑥(　　　)(　　　)
　　　　you're stepping into Anne's world!

❶ 下線部①には誤りが１か所あります。正しい英文になおしなさい。　　　　　　(6点)

❷ 下線部②を，５語の英語になおしなさい。　　　　　　　　　　　　　　　　(10点)

❸ 下線部③の(　)内から適切な語を選びなさい。　　　　　　　　　　　　　　(5点)

❹ 下線部④をitが指すものを明らかにして日本語になおしなさい。　　　　　　(10点)

❺ 下線部⑤の(　)に「いつか」という意味の英語を書きなさい。　　　　　　　(5点)

❻ 下線部⑥が「〜のように感じる」の意味になるように(　)に適切な語を書きなさい。 (完答8点)

**❺ 次の日本語を(　)内の語句を使って英語になおしなさい。** 表　　　16点(各8点)

❶ 野球の試合はちょうど始まったところです。(the baseball game)

❷ あなたはもうメールを書きましたか。(an email, yet)

| ❶ | ❶ | | | |
|---|---|---|---|---|
| | ❷ | | | |
| | ❸ | | | |
| | ❹ | | | |
| ❷ | ❶ | | | |
| | ❷ | | | |
| ❸ | ❶ | ❷ | | |
| ❹ | ❶ | | | |
| | ❷ | | | |
| | ❸ | | | |
| | ❹ | | | |
| | ❺ | ❻ | | |
| ❺ | ❶ | | | |
| | ❷ | | | |

## Step 1 基本チェック ： Lesson 2　The Eagles of Hokkaido ～ Tips ③ for Reading

**5分**

■ 赤シートを使って答えよう！

### ❶ ［現在完了形（継続）］

□❶ 私は仙台に10年住んでいます。

I have [ lived ] in Sendai [ for ] 10 years.

□❷ 神戸にはどのくらい長くいるのですか。

[ How ] [ long ] have you been in Kobe?

### ❷ ［現在完了進行形（継続）］

□❶ ビルは6時からずっとテレビを見続けています。

Bill [ has ] [ been ] [ watching ] TV since six o'clock.

□❷ ミユは3時間ずっと勉強を続けています。

Miyu has been [ studying ] [ for ] three hours.

**解答欄**

❶ ＿＿＿＿＿＿＿

❷ ＿＿＿＿＿＿＿

＿＿＿＿＿＿＿

❶ ＿＿＿＿＿＿＿

＿＿＿＿＿＿＿

❷ ＿＿＿＿＿＿＿

＿＿＿＿＿＿＿

*(右側縦書き)* Lesson 2 ～ Tips ③ for Reading

### POINT

〈have[has]＋動詞の過去分詞形〉の形を現在完了形という。

#### ❶ ［現在完了形（継続）］

①現在完了形を使って，過去に始まったことが現在まで続いていることを表すことができる。これを「継続用法」という。継続用法の文ではfor（〜間）やsince（〜以来）がよく使われる。

・I have lived in Yokohama for five years.　［私は横浜に5年間住んでいます。］

②「どのくらい〜していますか」と質問するときは〈How long＋have[has] 〜?〉で表す。

・How long have you been in Yokohama? ── I have been here since I was little.

［あなたはどのくらい長く横浜にいますか。］ ──［私は，小さいころからここにいます。］

#### ❷ ［現在完了進行形（継続）］

〈have[has]＋been＋動詞の -ing形〉の形を使って，過去に始めた「動作」が今も継続していることを表す。これも「継続用法」という。

・I have been reading this book since three o'clock.

［私は3時からずっとこの本を読んでいます。］

＊「現在完了進行形」の形をとるのはふつう，「動作」を表す動詞（go, write, playなど）である。「状態」を表す動詞（live, know, loveなど）は，現在完了進行形にせずに，現在完了形で「ずっと〜している」を表す。

## Step 2 予想問題 : Lesson 2　The Eagles of Hokkaido ~Tips ③ for Reading

**20分**
(1ページ10分)

**❶** ❶～⓬は単語の意味を書き，⓭～㉔は日本語を英語になおしなさい。

💡ヒント

- ☐ ❶ eagle （　　　　　）
- ☐ ❷ protect （　　　　　）
- ☐ ❸ wildlife （　　　　　）
- ☐ ❹ healthy （　　　　　）
- ☐ ❺ bullet （　　　　　）
- ☐ ❻ hunt （　　　　　）
- ☐ ❼ deer （　　　　　）
- ☐ ❽ poison （　　　　　）
- ☐ ❾ ban （　　　　　）
- ☐ ❿ electric （　　　　　）
- ☐ ⓫ utility （　　　　　）
- ☐ ⓬ develop （　　　　　）
- ☐ ⓭ 危険 ＿＿＿＿＿
- ☐ ⓮ 人間 ＿＿＿＿＿
- ☐ ⓯ トピック ＿＿＿＿＿
- ☐ ⓰ ～して以来，～以来 ＿＿＿＿＿
- ☐ ⓱ ～時 ＿＿＿＿＿
- ☐ ⓲ 100年間, 世紀 ＿＿＿＿＿
- ☐ ⓳ ～を殺す ＿＿＿＿＿
- ☐ ⓴ 肉 ＿＿＿＿＿
- ☐ ㉑ (施設としての)センター＿＿＿＿＿
- ☐ ㉒ 活動 ＿＿＿＿＿
- ☐ ㉓ ～に反対して＿＿＿＿＿
- ☐ ㉔ ショック ＿＿＿＿＿

**❶**
❷❻❽❾動詞。
❿形容詞。
⓱「10時」などの「～時」。
㉒mで始まる。
㉓aで始まる前置詞。
㉔カタカナ語。

⓰「～して以来，～以来」は完了形でよく使われる語なので，しっかり書けるようになろう！

**❷** 次の語で最も強く発音する部分の記号を〇で囲みなさい。

- ☐ ❶ im-prove
  　　ア　イ
- ☐ ❷ e-lec-tric
  　　ア　イ　ウ
- ☐ ❸ sit-u-a-tion
  　　ア　イ　ウ　エ
- ☐ ❹ u-til-i-ty
  　　ア　イ　ウ　エ

**❷** ❌ミスに注意
❸-tionにアクセントがくることはない。その前の音節が強く発音される。

**❸** （　）内に入れるのに最も適切な語を㋐～㋓から選びなさい。

- ☐ ❶ There are a lot of （　　） in the sea.　So you have to be careful.
  　　㋐ attentions　㋑ dangers　㋒ climates　㋓ environments
- ☐ ❷ These mushrooms are （　　）.　So, don't eat them.
  　　㋐ poisonous　㋑ professional　㋒ medical　㋓ kind

**❸**
❶2文目のcarefulという語に注目する。
❷2文目もしっかり読む。

**❹ 日本語に合う英文になるように，＿＿に適切な語を書きなさい。**

☐ ❶ 庭の花が，暑さが原因で死んでしまいました。

The flowers in the garden ＿＿＿＿＿＿ ＿＿＿＿＿＿ the heat.

☐ ❷ ジョンは風邪をひきました。その結果，学校を休みました。

John caught a cold. ＿＿＿＿＿＿ a ＿＿＿＿＿＿, he was absent from school.

☐ ❸ 私はそのとき以来，メアリーに会っていません。

I haven't seen Mary ＿＿＿＿＿＿ ＿＿＿＿＿＿.

**❺ 次の英文を日本語になおしなさい。**

☐ ❶ Kota has been sleeping for more than 10 hours.

( )

☐ ❷ I have known him since he was a child.

( )

☐ ❸ How long have you been in the library?

( )

**❻ 日本語に合う英文になるように，（　）内の語句を並べかえなさい。**

☐ ❶ 私は長い間，このバッグがほしかったのです。

I ( for / wanted / have / this bag / long / a / time ).

I ＿＿＿＿＿＿＿＿＿＿＿＿＿＿＿＿.

☐ ❷ 彼女は7時半からずっと数学の勉強をしています。

She ( math / has / studying / since / been ) 7:30.

She ＿＿＿＿＿＿＿＿＿＿＿＿ 7:30.

**❼ 次の日本文を（　）内の指示に従って英語になおしなさい。**

☐ ❶ 私は5年間，奈良に住んでいます。（forを使って8語で）

＿＿＿＿＿＿＿＿＿＿＿＿＿＿＿＿＿

☐ ❷ 私はこの前の土曜日以来，テニスをしていません。

（lastを使って7語で）

＿＿＿＿＿＿＿＿＿＿＿＿＿＿＿＿＿

☐ ❸ 彼はどのくらいの間，ピアノを弾き続けていますか。

（beenを使って8語で）

＿＿＿＿＿＿＿＿＿＿＿＿＿＿＿＿＿

**💡ヒント**

**❹**
❶「〜が原因で死ぬ」という意味の熟語。
❷「結果として」という意味の表現。

**❺**
❶現在完了進行形は「（ある時点から現在まで）ずっと〜している」という動作の継続の意味を表すよ。

**❻**
❶時を表す副詞「長い間」は文末に置く。
❷「7時半から」は「7時半以来」と考える。

**❼**
❶時を表す副詞「5年間」は文末に置く。
❷時を表す副詞「土曜日以来」は文末に置く。
❸ ✕ ミスに注意
「期間」をたずねる疑問詞のあとは疑問文の語順になる。また，主語が三人称単数であることに注意。

## Step 3 予想テスト ・ Lesson 2　The Eagles of Hokkaido ～Tips ③ for Reading

30分　目標80点　／100点

**❶** 日本語に合う英文になるように，＿＿＿に適切な語を書きなさい。知　　15点（各完答5点）

❶ 彼は10時からサッカーをしています。

He has ＿＿＿ ＿＿＿ soccer ＿＿＿ 10 ＿＿＿.

❷ ゾウは，人間の活動が原因で多くの危険に直面しています。

Elephants are ＿＿＿ a lot of ＿＿＿ because of ＿＿＿ activities.

❸ 一部の人々はシカを狩り，そしてそれからその肉を食べます。

Some people ＿＿＿ ＿＿＿ and then eat their ＿＿＿.

**❷** 日本語に合う英文になるように，（　）内の語句を並べかえなさい。知　　15点（各5点）

❶ 私は去年から，新しいスマートフォンを買いたいと思っています。

I ( buy / wanted / to / have / since / a new smartphone ) last year.

❷ あなたはどのくらいの間，ネコを飼っていますか。

( the cat / long / had / have / how / you )?

❸ アンは2時間，走り続けています。　Ann ( two / running / been / for / has / hours ).

**❸** 次の対話文について（　）に入れるのに，最も適切な文の記号を書きなさい。知　10点（各5点）

❶ *Boy:*　How long have you been reading that book?

*Girl:*　（　　）

㋐ Since then.　　㋑ In the morning.　　㋒ For about an hour.　　㋓ Tell me about it.

❷ *Girl:*　Look at this picture!

*Boy:*　（　　）All the eagles are dead.

㋐ I think so.　　㋑ Which one?　　㋒ It's a picture.　　㋓ What happened?

**❹** 次の文を読んで，あとの問いに答えなさい。知　表　　　　44点

The veterinarian Saito Keisuke works for the Kushiro Wetland Wildlife Center.  He noticed that many eagles ①died (　　) eating ②(　　) (　　).  The ③(　　) was poisoned by lead bullets.  He started a movement against ④them.  ⑤(結果として), in 2004 the use of lead bullets was banned in Hokkaido.  The situation ⑥( then / has / improving / since / been ).

⑦Dr. Saito also (　　) (　　) (　　) hard to cure birds from their injuries and help them return home.  ⑧He believes that wildlife should be returned to the wild.

❶ 下線部①が「～が原因で死んだ」の意味になるように（　）に適切な語を書きなさい。　　（3点）

❷ 下線部②が「シカの肉」，③は「肉」という意味になるように（　）に適切な語を書きなさい。

10点（各5点）

❸ 下線部④のthemが指すものを英語で書きなさい。　　（6点）

❹ 下線部⑤の日本語を3語の英語になおしなさい。　　（5点）

❺ 下線部⑥の（　）内の語句を並べかえて，正しい英文にしなさい。　　（6点）

❻ 下線部⑦が「齊藤医師はまた一生懸命に働き続けてきた」の意味になるように（　）に適切な語を書きなさい。　　（完答6点）

❼ 下線部⑧の英文を日本語になおしなさい。　　（8点）

**❺** 次の日本文を（　）内の指示に従って英語になおしなさい。 表　　16点（各8点）

❶ 1週間以上ずっとよい天気です。（sunny, forを使って9語で）

❷ あなたはどのくらいの間，日記をつけていますか。（7語で）

| ❶ | ❶ | | | | |
|---|---|---|---|---|---|
| | ❷ | | | | |
| | ❸ | | | | |
| ❷ | ❶ | | | | |
| | ❷ | | | | |
| | ❸ | | | | |
| ❸ | ❶ | | ❷ | | |
| ❹ | ❶ | | ❷ ② | | ③ |
| | ❸ | | | | |
| | ❹ | | | | |
| | ❺ | | | | |
| | ❻ | | | | |
| | ❼ | | | | |
| ❺ | ❶ | | | | |
| | ❷ | | | | |

## Step 1 基本チェック ● ● Lesson 3 News and Ads ～ Project 1

5分

### 赤シートを使って答えよう！

**❶ [直前の名詞を説明する動詞の-ing形]**

解答欄

□❶ 自転車に乗っている少年を見てごらん。
Look at the [ boy ] [ riding ] on a bike.

❶ _____

□❷ プールで泳いでいる少女はミキです。
The [ girl ] [ swimming ] in the pool is Miki.

❷ _____

**❷ [直前の名詞を説明する動詞の過去分詞形]**

□❶ これは宮沢賢治によって書かれた物語です。
This is a story [ written ] [ by ] Miyazawa Kenji.

❶ _____

□❷ リサが作ったケーキはおいしかったです。
The cake [ made ] [ by ] Lisa was delicious.

❷ _____

**❸ [直前の名詞を説明する文]**

□❶ バレーボールは彼がいちばん好きなスポーツです。
Volleyball is the sport [ he ] [ likes ] the best.

❶ _____

□❷ これは私が横浜で買ったバッグです。
This is a bag [ I ] [ bought ] in Yokohama.

❷ _____

### POINT

**❶ [直前の名詞を説明する動詞の-ing形]**

〈名詞＋動詞の-ing形＋その他の語句〉で，「～している(名詞)」という意味を表す。

・The girl wearing ribbons is Yuko. [リボンをつけている少女はユウコです。]
  └──────┘
        「リボンをつけている少女」(この文の主語)

＊動詞の-ing形が1語で名詞を説明するときは，名詞の直前に置く→〈動詞の-ing形＋名詞〉。

〈例〉Look at that sleeping baby. [あの眠っている赤ちゃんを見てごらん。]

**❷ [直前の名詞を説明する動詞の過去分詞形]**

〈名詞＋動詞の過去分詞形〉で，「～されている(名詞)」「～された(名詞)」という意味を表す。

・My father has a car made in France. [父はフランスで作られた車を1台持っています。]
  └──────┘
        [フランスで作られた車(＝フランス製の車)]

＊過去分詞が1語で名詞を説明するときは，名詞の直前に置く→〈動詞の過去分詞形＋名詞〉。

〈例〉Look at that broken window. [あの割られた[割れている]窓を見てごらん。]

**❸ [直前の名詞を説明する文]**

〈名詞＋文(主語＋動詞～)〉で，名詞についての説明を加えることができる。

・This is the book my father bought me last Sunday.
  └──────┘
        [父が私に買ってくれた本]

[これは先週の日曜日に，父が私に買ってくれた本です。]

# Step 2 予想問題 : Lesson 3 News and Ads ～ Project 1

30分
(1ページ10分)

## ❶ ①～⑫は単語の意味を書き, ⑬～㉒は日本語を英語になおしなさい。

□❶ final （　　　　　）　□❷ championship（　　　　　）

□❸ drone （　　　　　）　□❹ app （　　　　　）

□❺ trial （　　　　　）　□❻ yearly （　　　　　）

□❼ friendship （　　　　　）　□❽ understanding（　　　　　）

□❾ share （　　　　　）　□❿ drum （　　　　　）

□⓫ parade （　　　　　）　□⓬ performer （　　　　　）

□⓭ ～に連絡する＿＿＿＿＿　□⓮ 目的 ＿＿＿＿＿

□⓯ 国際的な ＿＿＿＿＿　□⓰ 文化 ＿＿＿＿＿

□⓱ グループ ＿＿＿＿＿　□⓲ いろいろな ＿＿＿＿＿

□⓳ ～にわたって＿＿＿＿＿　□⓴ インタビューをする＿＿＿＿＿

□㉑ 行進する ＿＿＿＿＿　□㉒ 大通り ＿＿＿＿＿

## ❷ 下線部分の発音が見出し語と同じものの記号を〇で囲みなさい。

□❶ f<u>i</u>nal 　㋐ r<u>i</u>bbon 　㋑ beg<u>i</u>n 　㋒ sm<u>i</u>le 　㋓ m<u>i</u>stake

□❷ dr<u>o</u>ne 　㋐ m<u>o</u>vie 　㋑ w<u>o</u>nder 　㋒ m<u>o</u>ney 　㋓ h<u>o</u>me

## ❸ （　）内に入れるのに最も適切な語を, ㋐～㋓から選びなさい。

□❶ Kyoto （　　） many foreign visitors. They like old Japanese towns.
　　㋐ attracts 　㋑ comes 　㋒ enters 　㋓ donates

□❷ The aim of this festival is to （　　） international friendship.
　　㋐ recycle 　㋑ promote 　㋒ spend 　㋓ arrive

## ❹ 日本語に合う英文になるように, ＿＿に適切な語を書きなさい。

□❶ 私の宿題を手伝っていただけませんか。──問題ありません。
　　Could you help me with my homework?
　　── No ＿＿＿＿＿＿.

点UP □❷ 校庭の周りのごみを拾いましょう。
　　Let's ＿＿＿＿＿＿ ＿＿＿＿＿＿ the trash around the school ground.

□❸ この車は最大４トンまで運ぶことができます。
　　This car can carry ＿＿＿＿＿＿ ＿＿＿＿＿＿ four tons.

---

💡ヒント

❶
①名詞。スポーツなどの試合に関係する語。
④applicationを省略した形。appのほうが一般的。
⑤tryの名詞形。
⑥形容詞。
⑨動詞。
⑭aで始まる。
⑯カタカナ語では「カルチャー」。
⑱vで始まる。
⑲「～を横切って」という意味もある。

❷

oは[オウ], [ア], [オー]などいろいろな発音があるので気をつけよう！

❸
①主語はKyotoである。

❹
①依頼に対して「いいですよ」という意味で使う。
②「拾いましょう」は「拾い上げる」ということ。
③「(最大)～まで」

**❺** 次の___に適切な語を下から選んで書きなさい。
ただし，同じ語を2度使うことはできません。

☐ ❶ He's reporting _____ the baseball game.

☐ ❷ This bus line connects our school _____ the station.

☐ ❸ You can get one more large pizza _____ free.

☐ ❹ They travel _____ Japan.

> across    for    on    to

**❻** 上の文と下の文がほぼ同じ意味を表すように，
___に適切な語を書きなさい。

☐ ❶ The curry and rice my father made was delicious.
The curry and rice _____ _____ my father was delicious.

☐ ❷ This castle was built in 1585.
This is the castle _____ _____ 1585.

**点UP** ☐ ❸ The book was interesting. I read it yesterday.
The book _____ _____ yesterday was interesting.

**❼** 日本語に合う英文になるように，___に適切な語を書きなさい。

**点UP** ☐ ❶ 犬を散歩させているその少年はタケシです。
That boy _____ his dog _____ Takeshi.

☐ ❷ 草を食べている牛を見てごらん。
Look at the cows _____ _____.

☐ ❸ これは彼女が最近描いた絵です。
This is a _____ _____ _____ recently.

☐ ❹ 生徒に与えられたタブレット型パソコンは家で使用されました。
The tablet PCs _____ _____ the students were used at home.

**💡ヒント**

**❺**
❶「〜について報告する」
❷「〜と…を結ぶ」
❸「無料で」
❹「日本中，日本のあちこち」

**❻**
❶「父が作った」は「父によって作られた」と言いかえる。

❸は文による説明。文が前の名詞を説明する場合，名詞のあとに〈主語＋動詞〉が続く。この形に慣れよう！

**❼**
❶どれが文の主語かを確実につかむことが大切。❶はThat boy 〜 dogまでが主語。
❷「草」はgrass。
❸文による説明。修飾する名詞（絵）のあとは〈主語＋動詞〉の語順。

**8** 次の英文を日本語になおしなさい。

☐ **❶** He is a movie star known all over the world.

(                               )

☐ **❷** Is this one of the photos taken by Riku in Kyoto?

(                               )

☐ **❸** Who is the woman standing at the school gate?

(                               )

☐ **❹** The TV program I watch every week is this drama.

(                               )

**9** 日本語に合う英文になるように，（ ）内の語句を並べかえなさい。

☐ **❶** エリと話している生徒はだれですか。

( is / with / the student / Eri / who / talking )?

_____?

☐ **❷** これは子ども用に作られた新しい遊園地です。

( new / is / this / the / children / for / amusement park / made ).

_____.

☐ **❸** パンダは，あなたがいちばん好きな動物ですか。

( like / are / the animal / pandas / you ) the best?

_____ the best?

☐ **❹** 父が私にくれたプレゼントはすてきな腕時計でした。

( was / gave / the present / me / my father / a nice watch ).

_____.

**10** 次の日本語を（ ）内の語数で英語になおしなさい。

☐ **❶** あなたはピアノを弾いているあの女性を知っていますか。（8語）

_____

☐ **❷** 彼はドイツ製のペンを何本か持っています。（7語）

_____

☐ **❸** これは母が毎日使っているバッグです。（9語）

_____

点 UP

**ヒント**

**❽**

❶❷過去分詞が直前の名詞を修飾する形は「〜された[されている]…」と訳す。

❸動詞の-ing形が直前の名詞を修飾する形は「〜している…」と訳す。

❹文が直前の名詞を修飾する形は「(私)が〜する…」と訳す。

**❾**

❶「生徒はだれですか」が先にくる。

❷ **✕** | **ミスに注意**

amusement parkは単数の数えられる名詞なのでtheがつく。the childrenとしないことに注意。

❸「パンダは動物ですか」が先にくる。

**❿**

❶-ing形を使って表す。「あの女性」はthat woman。

❷ドイツはGermany。「ドイツ製」は「ドイツで作られた」と考える。

❸文がバッグを修飾する形にする。

## Step 3 予想テスト : Lesson 3　News and Ads ～ Project 1

⏱ 30分　/100点　目標80点

**❶ 日本語に合う英文になるように，＿＿に適切な語を書きなさい。**[知]　20点(各完答5点)

① 夏には日本中にわたっていろいろな祭りが行われ，そしてそれらは多くの人々を魅了します。

In summer, ＿＿＿ festivals are held ＿＿＿ Japan, and they ＿＿＿ a lot of people.

② 国際理解はとても大切です。まず，外国の文化を知ることが必要です。

＿＿＿ ＿＿＿ is very important.  First, you have to learn about foreign ＿＿＿.

③ このパレードに参加しているパフォーマーたちが大通りを行進しています。

The ＿＿＿ ＿＿＿ this parade are ＿＿＿ down the avenue.

④ 今すぐそのごみを拾ってください。  Please ＿＿＿ ＿＿＿ the trash ＿＿＿ ＿＿＿.

**❷ 日本語に合う英文になるように，（　）内の語句を並べかえなさい。**[知]　15点(各5点)

① 体育館でバスケットボールをしている生徒たちを知っていますか。

Do ( know / the students / you / basketball / playing ) in the gym?

② あなたはこれまでに英語で書かれたEメールを受け取ったことがありますか。

Have ( email / you / received / English / written / an / in / ever )?

③ そのバンドが演奏している曲を聞いてごらん。

( playing / the band / the music / listen / to / is ).

**❸ 次の対話文について（　）に入れるのに，最も適切な文の記号を書きなさい。**[知]　8点

*Boy:*　Look at the penguins marching on the snow!

*Mother:*　How cute!  Are you enjoying yourself?

*Boy:*　（　　）This is the zoo I have wanted to visit for a long time!

㋐ Not really.　㋑ Let's enjoy.　㋒ No thanks.　㋓ Of course.

**❹ 次の文を読んで，あとの問いに答えなさい。**[知][表]　41点

> You forgot to bring your lunch box to your office today?  ①(問題ありません)!
> Sky-Fly will help you.  ②( for / made / a drone / this / is / people ) like you!
> You can use the service easily.  ③(　　), you need a ④smartphone (　) (　)
> Sky-Fly.  Just type "home, lunch box" into your smartphone app.  ⑤(　　),
> Sky-Fly will pick up your lunch box at home and bring it to you.  Sky-Fly can
> carry ⑥(　) (　) 15 kilograms and fly one kilometer per minute.  ⑦(　　)
> you can get a one-time trial for free.  Contact us right now!

❶ 下線部①の日本語を２語の英語になおしなさい。 **(6点)**

❷ 下線部②が「これはあなたのような人々のために作られたドローンなのです！」の意味になるように（　）内の語句を並べかえなさい。 **(8点)**

❸ 下線部③⑤⑦の（　）に入る語を次の中から選びなさい。ただし，同じ語を２度使うことはできません。 **15点(各5点)**

　　㋐ Then　　㋑ First　　㋒ Now　　㋓ Therefore

❹ 下線部④が「Sky-Flyに接続されたスマートフォン」の意味になるように（　）に適切な語を書きなさい。 **(完答6点)**

❺ 下線部⑥が「(最大)15キログラムまで」の意味になるように（　）に適切な語を書きなさい。 **(完答6点)**

**❺ 次の日本文を，（　）内の指示に従って英語になおしなさい。**表 **16点(各8点)**

❶ あの店で売られているケーキはおいしいです。(the cakes, shopを使って，8語で)

❷ 大阪は私がいちばん好きな都市です。(cityを使って，8語で)

| ❶ | ❶ | | | |
| --- | --- | --- | --- | --- |
| | ❷ | | | |
| | ❸ | | | |
| | ❹ | | | |
| ❷ | ❶ | | | |
| | ❷ | | | |
| | ❸ | | | |
| ❸ | | | | |
| ❹ | ❶ | | | |
| | ❷ | | | |
| | ❸ ③ | ⑤ | ⑦ | |
| | ❹ | ❺ | | |
| ❺ | ❶ | | | |
| | ❷ | | | |

## Step 2 予想問題 ・ Reading ① Audrey Hepburn

10分

**❶** ❶〜❽は単語の意味を書き，❾〜㉒は日本語を英語になおしなさい。

**❶ヒント**

- ☐❶ suffer （　　　　　）
- ☐❷ bloom （　　　　　）
- ☐❸ director （　　　　　）
- ☐❹ princess （　　　　　）
- ☐❺ receive （　　　　　）
- ☐❻ cancer （　　　　　）
- ☐❼ impression （　　　　　）
- ☐❽ devotion （　　　　　）
- ☐❾ 〜を残す ＿＿＿＿＿＿
- ☐❿ 金持ちの，豊かな＿＿＿＿＿＿
- ☐⓫ 安全な ＿＿＿＿＿＿
- ☐⓬ 軍隊，陸軍 ＿＿＿＿＿＿
- ☐⓭ 飢え ＿＿＿＿＿＿
- ☐⓮ 弱い ＿＿＿＿＿＿
- ☐⓯ 〜の才能を見出す＿＿＿＿＿＿
- ☐⓰ 結婚する ＿＿＿＿＿＿
- ☐⓱ 息子 ＿＿＿＿＿＿
- ☐⓲ 使命，天命 ＿＿＿＿＿＿
- ☐⓳ 成長する ＿＿＿＿＿＿
- ☐⓴ 薬 ＿＿＿＿＿＿
- ☐㉑ 〜を意味する＿＿＿＿＿＿
- ☐㉒ 深い ＿＿＿＿＿＿

**❶**
❷動詞。
❸カタカナ語でもある。
❾「去る，出発する」という意味もある。
⓭hungry「空腹な」の関連語。
⓮反意語はstrong。
⓯dで始まる。「〜を発見する」という意味もある。

**❷** 日本語に合う英文になるように＿＿に適切な語を書きなさい。

- ☐❶ しばらくして母が家に帰ってきました。
  ＿＿＿＿＿＿ a ＿＿＿＿＿＿, my mother came back home.

- ☐❷ 彼女は若いころ飢えに苦しんだ。
  She ＿＿＿＿＿＿ ＿＿＿＿＿＿ hunger when she was young.
  （点UP）

- ☐❸ 大人になったら何になりたいですか。
  What do you want to be when you ＿＿＿＿＿＿ ＿＿＿＿＿＿?

**❷**
❶「しばらくして」という意味の熟語。

❸ put on 〜「〜を着る」や look for 〜「〜を探す」のような熟語は，2語で1つの動詞と同じ働きをする。そして最大の特徴は，そのほとんどがその動詞だけでは出せない意味を表すことだよ。❸の「大人になる」もそういう熟語の1つだよ。

**❸** 次の＿＿に適切な語を下から選んで書きなさい。
ただし，同じ語を2度使うことはできません。

- ☐❶ Many people died ＿＿＿＿＿＿ hunger in Africa.
- ☐❷ There are still some countries ＿＿＿＿＿＿ war.
- ☐❸ I want to spend more time ＿＿＿＿＿＿ my grandparents.
- ☐❹ She made a deep impression ＿＿＿＿＿＿ people all over the world.
  （点UP）

  | on | of | with | at |

**❸**
❶「〜で死ぬ」
❷「戦争中の」
❸「〜と時間を過ごす」
❹「〜に感銘を与える」

# Step 3 予想テスト : Reading ① Audrey Hepburn

⏱ 15分　／100点　目標80点

次の文を読んで，あとの問いに答えなさい。知 表

①(　　) her war experience as a child, Hepburn wanted ②( protect ) children in countries at war.  She felt ③(　　) working for children was her mission.  ④(　　) her sons grew up, she started to work with UNICEF in 1988.  She visited children ⑤( suffer ) from war and hunger in many countries.  Because she received food and medicine from UNICEF after World War II, ⑥( what / knew / children / she / meant / UNICEF / to ).

Hepburn was always giving. "⑦Giving is like living," she said in an interview.  She also said that if you stop ⑧( want ) to give, there is no more meaning in life.  She always wanted ⑨( give ) hope to children.

❶ 下線部①③④に入る語または語句を選択肢の中から選びなさい。ただし，同じ語を2度使うことはできません。また，文頭にくるものも小文字で示してあります。　　**24点(各8点)**

⑦ that　　⑦ after　　⑦ because of

❷ 下線部②⑤⑧⑨の語を正しい形になおしなさい。　　**24点(各6点)**

❸ 下線部⑥が「彼女はユニセフが子どもにとってどんな意味を持つのかを知っていました」の意味になるように(　)内の語句を正しく並べかえなさい。　　**(12点)**

❹ 下線部⑦を日本語になおしなさい。　　**(10点)**

❺ 本文の内容に合っていれば〇を，間違っていれば×を書きなさい。　　**30点(各10点)**

ⓐ Hepburn experienced World War II when she was a child.

ⓑ UNICEF once helped Hepburn by giving her food and medicine.

ⓒ The children in countries at war gave hope to Hepburn.

| ❶ ① | | ③ | | ④ | |
|---|---|---|---|---|---|
| ❷ ② | | ⑤ | ⑧ | | ⑨ |
| ❸ | | | | | |
| ❹ | | | | | |
| ❺ ⓐ | | ⓑ | | ⓒ | |

## Step 1 基本チェック ・ Lesson 4　Sports Legends ～ Tips ④ for Writing

5分

■ 赤シートを使って答えよう！

### ❶ [関係代名詞who（主格）]

**解答欄**

☐ ❶ 彼女はハワイに住んでいる友だちがいます。
　　She has a friend [ who ] [ lives ] in Hawaii.

❶ ＿＿＿＿＿＿＿

### ❷ [関係代名詞which（主格）]

☐ ❶ ハルトはおしゃべりができる鳥を飼っています。
　　Haruto has a bird [ which ] [ can ] speak.

❶ ＿＿＿＿＿＿＿

### ❸ [関係代名詞that]

☐ ❶ 彼は私のクラスでゴルフをする唯一の生徒です。
　　He is the only student [ that ] [ plays ] golf in my class.

☐ ❷ 私が昨日買ったシャツは高くはありませんでした。
　　The shirt [ that ] I [ bought ] yesterday was not expensive.

❶ ＿＿＿＿＿＿＿

❷ ＿＿＿＿＿＿＿

### POINT

**❶ [関係代名詞who（主格）]**
「人」を表す名詞のあとに〈who＋動詞〜〉を置いて，その人が何をする［した］人かを説明することができる。このような関係代名詞を「主格の関係代名詞」という。
・Oda Mikio was an athlete. He won a gold medal. （2文目のHeがwhoに置きかわる）
　　　　　　　　　　　　　└この主語は，前文のan athleteを指す
・Oda Mikio was an athlete who won a gold medal.
　　　　　　　　　　　　　└who以下が，後ろから「どんな運動選手か」を説明
　[織田幹雄は金メダルを獲得した運動選手です。]

**❷ [関係代名詞which（主格）]**
「人以外」の「もの」を表す名詞のあとに〈which＋動詞〜〉を置いて，そのものが何をする［した］ものかを説明することができる。これも「主格の関係代名詞」という。
・I have a magazine. It has many photos. （2文目のItがwhichに置きかわる）
　　　　　　　　　　└この主語は，前文のa magazineを指す
・I have a magazine which has many photos.
　　　　　　　　　　└which以下が，後ろから「どんな雑誌か」を説明
　[私はたくさんの写真が載っている雑誌を持っています。]

**❸ [関係代名詞that]**
thatは，❶や❷で説明したwhoやwhichの代わりに使うことができる。また，説明される名詞が「人＋人以外（動物など）」のときにも使える。特に最上級や序数（firstなど），all，every，the onlyなどを伴う名詞のあとでは，ふつうthatが使われる。
・Look at the boy and his dog that are running along the river.
　[川に沿って走っている少年と犬を見てごらん。]
・The book that you gave me was very interesting.　＊thatの代わりにwhichを使うこともできる。
　[あなたが私にくれた本はとてもおもしろかったです。]

# Step 2 予想問題 : Lesson 4　Sports Legends ～ Tips ④ for Writing

30分
(1ページ10分)

**❶** ❶～⓰は単語の意味を書き，⓱～㉔は日本語を英語になおしなさい。

🔴ヒント

- ❶ legend （　　　　）
- ❷ champion （　　　　）
- ❸ athlete （　　　　）
- ❹ medal （　　　　）
- ❺ triple jump （　　　　）
- ❻ football （　　　　）
- ❼ female （　　　　）
- ❽ athletic （　　　　）
- ❾ trainer （　　　　）
- ❿ terrific （　　　　）
- ⓫ injured （　　　　）
- ⓬ confidence （　　　　）
- ⓭ concentrate（　　　　）
- ⓮ encourage （　　　　）
- ⓯ middle （　　　　）
- ⓰ health （　　　　）
- ⓱ 陸上競技 ＿＿＿＿＿
- ⓲ 金(きん)の ＿＿＿＿＿
- ⓳ 大学 ＿＿＿＿＿
- ⓴ (〜を)元気づける＿＿＿＿＿
- ㉑ 記録 ＿＿＿＿＿
- ㉒ 公式な ＿＿＿＿＿
- ㉓ 勝利 ＿＿＿＿＿
- ㉔ 若い ＿＿＿＿＿

**❶**
❶❷❸❹❽カタカナ語にもなっている。
❼形容詞。
⓭動詞。
⓳uで始まる。
⓴〜 upの形でよく用いられる。

**❷** 最も強く発音する位置が他と異なるものの記号を〇で囲みなさい。

- ❶ ⑦ med-al ④ e-vent ⑦ ath-lete ㉑ train-er
- ❷ ⑦ ath-let-ic ④ ter-rif-ic ⑦ con-cen-trate ㉑ en-cour-age

**❷**
❷-icで終わる語は，その前の音節にアクセントがくるよ。

**❸** （　）内に入れるのに最も適切な語を⑦～㉑から選びなさい。

- ❶ Be quiet. Please （　） on the lesson when your teacher is talking.
  ⑦ support ④ concentrate ⑦ introduce ㉑ decrease
- ❷ That athlete gave a speech* that （　） everyone.
  ⑦ admired ④ produced ⑦ believed ㉑ encouraged
  *speech「スピーチ, 演説」

**❸**
❶空所の後ろにonがあることに注目。

**④** 日本語に合う英文になるように，＿＿に適切な語を書きなさい。

点UP ☐ **❶** 先生によると，私たちは来週の月曜日にテストがあります。

＿＿＿＿＿＿ ＿＿＿＿＿＿ our teacher, we'll have a test next Monday.

☐ **❷** これがあなたの新しい腕時計？　ちょっと私に見せて！

Is this your new watch?  Let me ＿＿＿＿＿＿ a ＿＿＿＿＿＿!

☐ **❸** ハナは英語だけでなく韓国語も話せます。

Hana can speak not ＿＿＿＿＿＿ English ＿＿＿＿＿＿ ＿＿＿＿＿＿ Korean.

**⑤** 次の＿＿に適切な語を下から選んで書きなさい。
ただし，同じ語を2度使うことはできません。

☐ **❶** Our soccer team is one ＿＿＿＿＿＿ the top teams in our city.

☐ **❷** He moved to America ＿＿＿＿＿＿ the age of 14.

点UP ☐ **❸** Let's cheer ＿＿＿＿＿＿ Alex.  He lost the tennis match.

☐ **❹** People communicate ＿＿＿＿＿＿ different ways in different countries.

| in | at | of | up |
|---|---|---|---|

**⑥** 次の2つの文を，＿＿に適切な語を書き，1つの文にしなさい。

☐ **❶** Do you know the girl?  She is singing on the stage.

Do you know the girl ＿＿＿＿＿＿ ＿＿＿＿＿＿ singing on the stage?

☐ **❷** He lives in a house.  It has a large garden.

He lives in a house ＿＿＿＿＿＿ ＿＿＿＿＿＿ a large garden.

☐ **❸** Look at the girl and the cat.  They are sitting on the bench.

Look at the girl and the cat ＿＿＿＿＿＿ ＿＿＿＿＿＿ ＿＿＿＿＿＿ on the bench.

☐ **❹** The movie was exciting.  I saw it last Sunday.

The movie ＿＿＿＿＿＿ ＿＿＿＿＿＿ ＿＿＿＿＿＿ last Sunday was exciting.

**ヒント**

**❹**
**❶**「～によると」
**❷**「見る」という意味の3語の熟語。
**❸**「～だけでなく…も」

**❺**
**❶**「～のうちの1つ」
**❷**「～歳で」
**❸**「～を元気づける」
**❹**「～の方法で」

**❻**
関係代名詞は「文」で，「名詞」を説明するときに使われるよ。説明する「文」の中に説明される「名詞」と同じものを指す語があり，その語を関係代名詞にしてつなげるんだよ。

**❶❷❸** 2つ目の文の主語を関係代名詞に変えて1文にする。
**❹**は The movie を「文」で説明する形。2つ目の文のit が the movie を指す。

**❼ 次の英文を日本語になおしなさい。**

☐ ❶ She is the girl who can swim the fastest in my class.
( )

☐ ❷ I ate some pizza which had a lot of seafood on it.
( )

☐ ❸ Is there anything that I can do for you?
( )

**❽ 日本語に合う英文になるように，（　）内の語句を並べかえなさい。**

☐ ❶ この本を書いた男性はイギリス出身です。
( from / is / who / the man / this book / wrote ) the UK.
＿＿＿＿＿＿＿＿＿＿＿＿＿＿＿＿＿＿＿＿＿＿ the UK.

☐ ❷ 私はたくさんの写真がある地図アプリを持っています。
I have ( many / which / a map app / photos / has ).
I have ＿＿＿＿＿＿＿＿＿＿＿＿＿＿＿＿＿＿＿＿＿.

☐ ❸ あなたが北海道で撮った写真を見せていただけますか。
Could you ( that / me / took / show / you / the pictures )
in Hokkaido?
Could you ＿＿＿＿＿＿＿＿＿＿＿＿＿＿＿ in Hokkaido?

☐ ❹ あなたがいちばん好きな季節は何ですか。
( the season / like / is / best / what / you / that / the )?
＿＿＿＿＿＿＿＿＿＿＿＿＿＿＿＿＿＿＿＿＿＿?

**❾ 次の日本語を（　）内の語を使って英語になおしなさい。**

☐ ❶ あなたにはだれか東京に住んでいる友だちがいますか。(any, who)
＿＿＿＿＿＿＿＿＿＿＿＿＿＿＿＿＿＿＿＿＿＿

☐ ❷ 私は青い目のネコを飼っています。(which)
＿＿＿＿＿＿＿＿＿＿＿＿＿＿＿＿＿＿＿＿＿＿

☐ ❸ これはあなたが昨日買った自転車ですか。(the, that)
＿＿＿＿＿＿＿＿＿＿＿＿＿＿＿＿＿＿＿＿＿＿

**💡ヒント**

**❼**

❶❷関係代名詞のあとに「動詞」が続く場合は，関係代名詞は説明する文の中で主語のはたらきをしているよ(主格の関係代名詞)。❸関係代名詞のあとに「主語＋動詞」が続く場合は，説明している文の中で目的語のはたらきをしているよ(目的格の関係代名詞)。

**❽**
❶「この本を書いた男性」が主語になる。
❷「地図アプリ」を詳しく説明する。
❸「写真」を詳しく説明する。

**❾**
❶「あなたには友だちがいる」You have some friends の疑問文が文の骨格になる。
❷「青い目の」は「青い目を持つ」と言いかえて考える。
❸「これは自転車ですか」が文の骨格になる。

Lesson 4 ～ Tips ④ for Writing

**Step 3** 予想テスト : **Lesson 4　Sports Legends ～ Tips ④ for Writing**　⏱30分　/100点　目標 80点

❶ 日本語に合う英文になるように，＿＿に適切な語を書きなさい。知　　20点（各完答5点）

① 彼女は最も高く跳べる女性アスリートです。

　She is the ＿＿＿ ＿＿＿ ＿＿＿ ＿＿＿ jump the highest.

② 彼女は去年，アメリカの大学で勉強を始めました。

　She ＿＿＿ studying at the ＿＿＿ in America last year.

③ 彼は2020年にマラソンで公認新記録を打ち立てました。

　He set a new ＿＿＿ ＿＿＿ in the marathon in 2020.

④ 私たちの先生は自分の将来に対して自信を失った生徒をいつも勇気づけます。

　Our teacher always ＿＿＿ the students ＿＿＿ have lost their ＿＿＿ in the future.

❷ 日本語に合う英文になるように，（　）内の語句を並べかえなさい。知　　15点（各5点）

① 彼は世界中で人気の歌手です。

　He is ( the world / over / who / popular / a singer / all / is ).

② 私は祖母がかつて弾いていたピアノを弾きます。

　I play ( to / which / the / used / my grandmother / play / piano ).

③ これは多くの人々を魅了するゲームです。

　This is ( people / that / a game / of / attracts / a lot ).

❸ 次の対話文について（　）に入れるのに，最も適切な文の記号を書きなさい。知　　8点

　*Girl:*　I have a cookbook which has many photos of Japanese food.

　*Boy:*　(　　) Let me have a look.

　㋐ I'm full!　　㋑ That's nice!　　㋒ Here you are!　　㋓ You're welcome!

❹ 次の文を読んで，あとの問いに答えなさい。知 表　　33点

> *Kenta:*　It says "NFL's first female athletic trainer." What does that mean?
>
> 　*Mei:*　It is about Iso Ariko. ①She was not only the first female (　　) (　　) the first Japanese athletic trainer in the NFL.
>
> *Kenta:*　That's terrific. ②What's she doing now?
>
> 　*Mei:*　(　　)
>
> *Kenta:*　③It (　　) (　　) a hard job.
>
> 　*Mei:*　④(　　) (　　) this article, ⑤she can communicate in a way which cheers up injured players.

❶ 下線部①が「彼女は最初の女性運動競技トレーナーであっただけでなく，最初の日本人トレーナーでもありました」の意味になるように（　）に適切な語を書きなさい。　　**(完答5点)**

❷ 下線部②の問いに対するMeiの回答として適切なものを下記より選びなさい。　　　**(8点)**

　　㋐ She's called a head athletic trainer now.

　　㋑ She's training on the ground right now.

　　㋒ She's the head athletic trainer of a university team now.

❸ 下線部③が「それは大変な仕事のようです。」の意味になるように（　）に適切な語を書きなさい。　　**(完答6点)**

❹ 下線部④が「〜によると」の意味になるように（　）に適切な語を書きなさい。　　**(完答6点)**

❺ 下線部⑤を日本語になおしなさい。　　**(8点)**

**❺** **次の日本文を（　）内の指示に従って英語になおしなさい。** 表　　**24点 (各8点)**

❶ 彼は日本で有名なアスリートです。（an, whoを使って，9語で）

❷ これはエリが作った人形です。（a, whichを使って，7語で）

❸ 私が昨日聞いた話は本当でした。（thatを使って，8語で）

| ❶ | ❶ | | | |
|---|---|---|---|---|
| | ❷ | | | |
| | ❸ | | | |
| | ❹ | | | |
| ❷ | ❶ | | | |
| | ❷ | | | |
| | ❸ | | | |
| ❸ | | | | |
| ❹ | ❶ | | ❷ | |
| | ❸ | | ❹ | |
| | ❺ | | | |
| ❺ | ❶ | | | |
| | ❷ | | | |
| | ❸ | | | |

## Step 1 基本チェック ∴ Lesson 5　Being True to Ourselves ～ Tips ⑥ for Writing

5分

■ 赤シートを使って答えよう！

**❶ [仮定法「もし〈主語〉が〜するなら，…だろう」]**

□ ❶ もし私がイヌを飼っていたら，毎朝，散歩に連れて行くでしょう。
　　[ If ] I [ had ] a dog, I [ would ] walk it every morning.

**❷ [仮定法「もし〈主語〉が〜だったら，…だろう」]**

□ ❶ もし私があなただったら，この本を買うでしょう。
　　[ If ] I [ were ] you, I [ would ] buy this book.

**❸ [仮定法「私が〜だったらなあ[〜できたらなあ]」]**

□ ❶ 私がパイロットだったらなあ。
　　I [ wish ] I [ were ] a pilot.

解答欄

❶ _____
_____
_____
❶ _____
_____
_____
❶ _____
_____

**POINT**

**❶ [仮定法「もし〈主語〉が〜するなら，…だろう」]**

〈If ＋主語＋動詞の過去形 〜，主語＋ would［could など］...〉の形で「もし〈主語〉が〜するなら，…するだろう[できるだろう]」という意味を表し，「事実とは異なること，実現する可能性がないこと，またはかなり低いこと」について伝える。

・If I had a brother, I could do a lot of things with him.
　　└ 動詞の過去形　　　　　　　　[もし私に兄[弟]がいたら，さまざまなことをいっしょにできるでしょう。]

**❷ [仮定法「もし〈主語〉が〜だったら，…だろう」]**

〈If ＋主語＋ were〜，主語＋ would［could など］...〉の形で「もし〈主語〉が〜だったら，…するだろう[できるだろう]」という意味を表し，「事実とは異なること，実現する可能性がないこと，またはかなり低いこと」について伝える。

・If I were you, I would go to Kita High School.
　[もし私があなただったら，北高校に行くでしょう。]

**❸ [仮定法「私が〜だったらなあ[〜できたらなあ]」]**

〈I wish I were〜〉の形で「私が〜だったらなあ」を表し，〈I wish I could ＋動詞の原形〜〉の形で「私が〜できたらなあ」を表す。これらは，実現が困難な願望について伝える。

・I wish I were good at soccer.　[サッカーが上手だったらなあ。]

・I wish I could speak French.　[フランス語を話せたらなあ。]

・He wishes he were good at soccer.　＊「主語が表す数」に関係なく，ふつう were が使われる。
　[彼は自分がサッカーが上手だったらなあと思っています。]

## Step 2 予想問題 : Lesson 5　Being True to Ourselves ～ Tips ⑥ for Writing

30分
(1ページ10分)

**❶** ❶～❽は単語の意味を書き，❾～⓴は日本語を英語になおしなさい。

💡ヒント

- ❶ depressed （　　　　　）
- ❷ wrong （　　　　　）
- ❸ jealous （　　　　　）
- ❹ priority （　　　　　）
- ❺ reason （　　　　　）
- ❻ additionally（　　　　　）
- ❼ though （　　　　　）
- ❽ so （　　　　　）
- ❾ けんか ＿＿＿＿＿＿
- ❿ 助言，忠告 ＿＿＿＿＿＿
- ⓫ 教育 ＿＿＿＿＿＿
- ⓬ ～を強く望む ＿＿＿＿＿＿
- ⓭ (～と)意見を異にする＿＿＿＿＿＿
- ⓮ 考え ＿＿＿＿＿＿
- ⓯ 不得意な ＿＿＿＿＿＿
- ⓰ 自分の，自身の＿＿＿＿＿＿
- ⓱ まず第1に ＿＿＿＿＿＿
- ⓲ 2番目に ＿＿＿＿＿＿
- ⓳ 3番目に ＿＿＿＿＿＿
- ⓴ 最後に ＿＿＿＿＿＿

**❶**
- ❶形容詞。
- ❷体調について言った場合の意味を書く。
- ❺名詞。
- ❼接続詞。
- ❾fで始まる。
- ❿カタカナ語にもなっている。
- ⓭agreeの反対語。
- ⓮vで始まる。「景色」という意味もある。
- ⓯goodの反対語。

**❷** 最も強く発音する位置が他と異なるものの記号を〇で囲みなさい。

- ❶ ⑦ pop-u-lar　　④ eve-ry-one　　⑨ dif-fer-ent
  　 ⓔ ex-pres-sion
- ❷ ⑦ dis-a-gree　　④ mu-se-um　　⑨ ba-nan-a
  　 ⓔ re-mem-ber
- ❸ ⑦ pri-or-i-ty　　④ com-pe-ti-tion　　⑨ com-mu-ni-cate
  　 ⓔ fa-cil-i-ty

**❷** ⊗ミスに注意
「ミュージアム」や「バナナ」など，「日本語になった英語」の発音・アクセントに特に注意。
❶-sionや❸-tionはその直前の音節にアクセントがくる。

**❸** （　）内に入れるのに最も適切な語を，⑦～ⓔから選びなさい。

- ❶ My top （　　） in life is school.
  　 ⑦ player　　④ priority　　⑨ way　　ⓔ name
- ❷ Practicing baseball is sometimes （　　） for me.
  　 ⑦ real　　④ quiet　　⑨ local　　ⓔ tough
- ❸ Many wild animals have （　　） from the earth.
  　 ⑦ disappeared　　④ carried　　⑨ finished　　ⓔ broken

**❸**
- ❶生活のいちばんの…？
- ❷練習が…？
- ❸動物が地球から…？

Lesson 5 ～ Tips ⑥ for Writing

**❹ 日本語に合う英文になるように＿＿に適切な語を書きなさい。**

☐ **❶** *A:* あなたはクラスでいちばん歌が上手ですね。

　　*B:* まさか！　あなたもとても上手に歌いますよね。

　　*A:* You are the best singer in our class.

　　*B:* ＿＿＿＿＿＿＿ ＿＿＿＿＿＿！ You sing very well, too.

☐ **❷** 疲れているように見えるね。どうしたの？

　　You look tired. ＿＿＿＿＿＿＿ ＿＿＿＿＿＿？

☐ **❸** 私は明日，姉と買い物に行くつもりです。

　　I will ＿＿＿＿＿＿＿ ＿＿＿＿＿＿ with my sister tomorrow.

☐ **❹** 私は絵を描くのが下手です。

　　I am ＿＿＿＿＿＿＿ ＿＿＿＿＿＿ drawing.

**❺ 次の＿＿に適切な語を下から選んで書きなさい。**
**ただし，同じ語を2度使うことはできません。**

☐ **❶** I would like to buy the same racket ＿＿＿＿＿＿ you have.

☐ **❷** Your idea is very different ＿＿＿＿＿＿ mine.

☐ **❸** I have two reasons ＿＿＿＿＿＿ thinking so.

☐ **❹** My grandmother is good ＿＿＿＿＿＿ growing flowers.

> for　　at　　from　　as

**❻ 上の文と下の文がほぼ同じ意味を表すように，**
**＿＿に適切な語を書きなさい。**

☐ **❶** I don't have time, so I won't go to the concert.

　　If I ＿＿＿＿＿＿ time, I ＿＿＿＿＿＿ go to the concert.

☐ **❷** I can't visit her because I don't know the way to her house.

　　If I ＿＿＿＿＿＿ the way to her house, I ＿＿＿＿＿＿ visit her.

**💡ヒント**

**❹**
**❶** ほかにも「来て！」「さあさあ」や「がんばれ！」などさまざまな意味で使う。
**❷** 「どうしたの？」と聞くときの決まり文句。
**❹** 「上手」の場合は goodを用いる。

**❺**
**❶** 「～と同じ」
**❷** 「～と異なる」
**❸** 「～の理由」
**❹** 「～が上手である」

**❻**
上の文が現在の事実を表しているよ。それに対して「もし～なら…だ［なのに］」と現実とは違う「想定」を述べるのが仮定法だよ。つまり，現実には「～がない」なら，想定の話では「～があったら」とすればいいんだね。

**❶** 「時間があったら…」と考える。
**❷** 「知っていたら…」と考える。

**7** 次の文に対する応答として適切なものを,
（　）内の指示に従って英語で書きなさい。

□ **1** What should I do?

（「もし私があなただったら，一生懸命に勉強するのに。」と答える）

_____

□ **2** Are you going to study abroad?

（「できたらいいのになあ。」と4語で答える）

_____

**8** 次の英文を日本語にしなさい。

□ **1** If I had enough money now, I would buy this bike.

（　　　　　　　　　　　　　　　　　　　　　）

□ **2** I wish I were the best dancer in the world.

（　　　　　　　　　　　　　　　　　　　　　）

**9** 日本語に合う英文になるように,
（　）内の語句や符号を並べかえなさい。

□ **1** 私に姉がいたらいっしょにケーキを焼くことができるのになあ。

If I had a sister, ( cake / with / could / her / bake / I / a ).

If I had a sister, _____.

□ **2** 私があなただったら，夏季キャンプに参加するでしょう。

If I ( the summer camp / I / join / you / would / were / , ).

If I _____.

□ **3** 料理が上手だったらなあ。

I ( at / were / cooking / I / good / wish ).

I _____.

**10** 次の日本語を英文にしなさい。

□ **1** 私に妹がいたら，いっしょにジョギングに行くのになあ。

_____

□ **2** 私があなただったら，京都に行くでしょう。

_____

**7**
**2**「（そのように）できたらいいのになあ。」の（そのように）が省略されている。

I wish I were ～ や I wish I could ～ は，実現する可能性がない，または可能性が非常に低いことを「～だったらなあ」と願望するときの表現だよ。〈wish + (that) 仮定法の文〉で表すよ。

**8**
**1** 事実と反することは「～だったら，…のになあ」と訳す。
**2** wish は実現が困難な願望を表す。

**9**
**3**「～が上手である」という意味の熟語を使う。

**10**
**1**「ジョギングに行く」は go jogging。
**2**「私があなただったら」は If I were you を使う。

点UP

Lesson 5 ～ Tips ⑥ for Writing

**Step 3** 予想テスト : **Lesson 5  Being True to Ourselves ～ Tips ⑥ for Writing**  ⏱ 30分  ／100点  目標 80点

**❶** 日本語に合う英文になるように，＿＿＿に適切な語を書きなさい。知  25点（各完答5点）

① 英語教育は私たちの学校の最優先事項です。

English ＿＿＿＿＿ is the top ＿＿＿＿＿ of our school.

② あなたは悲しそうに見えます。どうしたのですか。  You look sad. ＿＿＿＿＿ ＿＿＿＿＿?

③ 私は今週末，母と買い物に行きます。

I will ＿＿＿＿＿ ＿＿＿＿＿ with my mother this weekend.

④ 私は数学が苦手です。  I ＿＿＿＿＿ ＿＿＿＿＿ ＿＿＿＿＿ math.

⑤ 多くの山火事が起きました。その結果，多くの動物がいなくなりました。

Many mountain fires broke out. ＿＿＿＿＿ ＿＿＿＿＿ ＿＿＿＿＿, many animals ＿＿＿＿＿.

**❷** 日本語に合う英文になるように，（  ）内の語句や符号を並べかえなさい。知  15点（各5点）

① ジョンがここにいたらいっしょにテレビゲームができるのになあ。

If ( I / video games / could / John / here / play / were / , ) with him.

② 私があなただったらそんなことはしないでしょう。

( I / if / do / were / I / you / wouldn't / , ) such a thing.

③ ピアノが弾けたらなあ。  I ( the / could / I / play / wish / piano ).

**❸** 次の対話文について（  ）に入れるのに，最も適切なものの記号を書きなさい。知  12点（各6点）

① *Boy:*  What would you do if you had a sister?

*Girl:*  （    ）

㋐ I will sing with her.     ㋑ I would be happy.

㋒ I would go shopping with her.     ㋓ I'm going to play tennis with her.

② *Girl:*  My father told me that I should go to university.

*Boy:*  （    ）, I would take his advice.

㋐ If I am your father     ㋑ If I were you     ㋒ When I was your father

㋓ When I were you

**❹** 次の文を読んで，あとの問いに答えなさい。知 表  30点

"①I ( were / I / wish / the same / other people / as )." Some people might think so, ②but I (    ). ③I want to be (    ). When I started junior high school, I was afraid to be different. ④At the same time, I wished I were the best at sports and the most popular. But now I have a different view. ⑤I know I have things that I'm (    ) (    ) doing and (    ) (    ) doing. I want to be someone who has his own ideas. I'll always be myself.

❶ 下線部①が「私もほかの人たちと同じだったらなあ。」の意味になるように( )内の語句を並べかえなさい。 (6点)

❷ 下線部②が「でも，私はそうは思いません(意見を異にします)」の意味になるように( )に入る適切な語を書きなさい。 (5点)

❸ 下線部③の( )に入る適切な語を本文中より抜き出して書きなさい。 (5点)

❹ 下線部④を日本語になおしなさい。 (8点)

❺ 下線部⑤が，「私は自分には得意なことと不得意なことがあることを知っています。」の意味になるように，( )に入る適切な語を書きなさい。 (完答6点)

❺ 次の日本文を( )内の指示に従って英語になおしなさい。表 18点(各6点)

❶ もし私が真実を知っていたら，あなたに言うのになあ。(the truth「真実」を使って9語で)

❷ 私があなただったら，始発の電車に乗るでしょう。(take, the first trainを使って10語で)

❸ サッカーが上手だったらなあ。(「〜が上手である」という意味の3語の熟語を使って7語で)

**Step 1** 基本チェック ∶ **Lesson 6　Why do We Have to Work? ～ Project 2**

5分

■ 赤シートを使って答えよう！

### ❶ [自分の意見を述べる表現]

解答欄

☐ ❶ 私たちはペットボトルをリサイクルするべきだと私は思います。
　　[ I ][ think ] we should recycle plastic bottles.

❶ ＿＿＿＿＿＿

☐ ❷ 私の考えでは，生徒はもっと多くの本を読むべきです。
　　In [ my ][ opinion ], students should read more books.

❷ ＿＿＿＿＿＿
＿＿＿＿＿＿

### ❷ [理由を述べる表現]

☐ ❶ 働くことは必要です。なぜならば生きていくためにはお金が必要
　　だからです。
　　We need to work, [ because ] we need money to live.

❶ ＿＿＿＿＿＿

☐ ❷ その理由は，私は海で泳ぐことが好きだからです。
　　The [ reason ][ is ] that I like swimming in the sea.

❷ ＿＿＿＿＿＿

### ❸ [相手の意見に賛成・反対する表現]

☐ ❶ 私は公園を掃除すべきだというジェーンの考えに賛成です。
　　I [ agree ][ with ] Jane's [ idea ] that we should clean the
　　park.

❶ ＿＿＿＿＿＿
＿＿＿＿＿＿

☐ ❷ 私は私たちが日曜日に勉強すべきだという彼の意見に反対です。
　　I'm [ against ] his [ opinion ] that we should study on
　　Sundays.

❷ ＿＿＿＿＿＿

**POINT**  · · · · · · · · · · · · · · · · · · · · · · · · · · · · · · · ·

❶ [自分の意見を述べる表現]
・I think ～. 「私は～と思います。」　・I don't think ～. 「私は～とは思いません。」
・In my opinion, ～. 「私の考え[意見]では，～。」　・In my view, ～. 「私の考えでは，～。」
・My opinion is that we should ～. 「私の考えは，私たちは～すべきだ，ということです。」

❷ [理由を述べる表現]
・～, because ... 「～，なぜならば…」　・The reason is that ～. 「その理由は～だからです。」

❸ [相手の意見に賛成・反対する表現]
①賛成するとき　・I agree with ～. 「～に賛成です。」　・I'm for ～. 「～に賛成です。」
②反対するとき　・I disagree with ～. 「～に反対です。」　・I'm against ～. 「～に反対です。」

## Step 2 予想問題　Lesson 6　Why do We Have to Work? ~ Project 2

30分
(1ページ10分)

**❶** ❶〜❿は単語の意味を書き，⓫〜⓴は日本語を英語になおしなさい。

💡ヒント

- ❶ labor　（　　　　　　　）
- ❷ Sweden　（　　　　　　　）
- ❸ Swedish　（　　　　　　　）
- ❹ housework　（　　　　　　　）
- ❺ child-raising（　　　　　　　）
- ❻ cooperate　（　　　　　　　）
- ❼ researcher　（　　　　　　　）
- ❽ overtime　（　　　　　　　）
- ❾ confirm　（　　　　　　　）
- ❿ neither　（　　　　　　　）
- ⓫ 討論　＿＿＿＿＿＿
- ⓬ 関係がある　＿＿＿＿＿＿
- ⓭ 健康　＿＿＿＿＿＿
- ⓮ 一般的な　＿＿＿＿＿＿
- ⓯ 妻　＿＿＿＿＿＿
- ⓰ 理由　＿＿＿＿＿＿
- ⓱ 政府　＿＿＿＿＿＿
- ⓲ 半分　＿＿＿＿＿＿
- ⓳ 順番　＿＿＿＿＿＿
- ⓴ 〜について話し合う＿＿＿＿＿＿

**❷** 下線部分の発音が見出し語と同じものの記号を〇で囲みなさい。

- ❶ health　㋐ mean　㋑ teach　㋒ search　㋓ feather
- ❷ half　㋐ always　㋑ back　㋒ alone　㋓ walk

**❸** （　）内に入れるのに最も適切な語を，㋐〜㋓から選びなさい。

- ❶ *A:* My sister is going to get （　　） next month.
  *B:* Great! I'm sure she will be very happy!
  　㋐ married　㋑ born　㋒ broken　㋓ known
- ❷ It is （　　） for students to talk about popular singers.
  　㋐ national　㋑ local　㋒ common　㋓ electric

**❹** 日本語に合う英文になるように，＿＿に適切な語を書きなさい。

点UP
- ❶ 英語を読むことも書くことも両方とも大切です。
  ＿＿＿＿＿ reading ＿＿＿＿＿ writing English are important.
- ❷ 私が家に着いたとき，弟はゲームをしていました。
  When I ＿＿＿＿＿ ＿＿＿＿＿, my brother was playing the game.
- ❸ 先日，祖母が私たちを訪ねてきました。
  My grandmother visited us ＿＿＿＿＿ ＿＿＿＿＿ ＿＿＿＿＿.

### ヒント欄

**❶**
- ❷国名。
- ❼動詞の語末にerがつくと「〜する人」の意味になる。
- ❽副詞。
- ⓮cで始まる。
- ⓲ ✕ミスに注意
発音しない文字があるので，つづりに注意。
- ⓳「回る，向きを変える」という動詞の意味もある。
- ⓴1語の動詞。

**❷**
- ❶eaの発音は［イー］や［エ］などである。

**❸**
- ❶Bは「彼女はきっととても幸せになるでしょう。」と応答していることからも考える。
- ❷人気の歌手について話すことは生徒にとってどんなことか？

**❹**
- ❶「〜も…も両方とも」
- ❷ ✕ミスに注意
過去の話であることに注意。

**❺** 次の＿＿に適切な語句を下から選んで書きなさい。
ただし，同じ語を2度使うことはできません。

☐ ❶ ＿＿＿＿＿＿ you know, I want to be a movie director.

☐ ❷ Can you think ＿＿＿＿＿ any ideas?

☐ ❸ When I grow ＿＿＿＿＿, I want to be a nurse.

☐ ❹ I think our trip will cost 1,000 dollars ＿＿＿＿＿ most.

> as      at      of      up

**❻** 日本語に合う英文になるように，＿＿に適切な語を書きなさい。
なお（　）内に指示がある場合は，指示に従って書きなさい。

☐ ❶ 今日のトピックは私たちの将来の仕事と関係があります。
Today's topic is ＿＿＿＿＿ ＿＿＿＿＿ our future jobs.

☐ ❷ 今日，私たちは環境問題について話し合います。
Today, we will ＿＿＿＿＿ environmental problems.

☐ ❸ 私はあなたの考えに賛成です。（2通りの言い方で）
I ＿＿＿＿＿ with your idea.
I'm ＿＿＿＿＿ your idea.

☐ ❹ 私はあなたの考えに反対です。（2通りの言い方で）
I ＿＿＿＿＿ with your idea.
I'm ＿＿＿＿＿ your idea.

☐ ❺ ユキ，あなたはどうですか。
＿＿＿＿＿ ＿＿＿＿＿ you, Yuki?

☐ ❻ 前にも言った通り，私はそう思いません。
＿＿＿＿＿ I said ＿＿＿＿＿, I don't think ＿＿＿＿＿.

☐ ❼ あなたの言う通りです。あなたの意味することは理解できます。
You are ＿＿＿＿＿. I understand what ＿＿＿＿＿ ＿＿＿＿＿.

☐ ❽ 私は今あきらめるべきではないと思います。——私もです。
I don't think we should give up now.
＿＿ ＿＿＿＿＿, ＿＿＿＿＿.

---

**💡ヒント**

**❺**
❶「ご存じのように」
❷「～を思いつく」
❸「大人になる」
❹「高くても」

**❻**
❶「～と関係がある」
❷「～について」を含む動詞。

> ❸❹ディスカッションでは，自分の意見を述べることが最も大切になるよ！まずは，ある意見や考えに「賛成」か「反対」かを述べる言い方をしっかり覚えよう！

❼「あなたの言う通りです」は「あなたは正しいです」と言いかえて考える。

❽ **❌ミスに注意**
否定文のあとであることに注意。ここは「私もまた，（そうは思わ）ない」の意味になる。

**❼ Aに対する応答としてのBの日本語を英語になおしなさい。**

**点UP** □❶ *A:* Do you think we should belong to a club at school?
　　　　*B:* はい。私の意見では，私たちは部活に所属すべきです。

　　　　_____

□❷ *A:* Health is the most important to me. What about you?
　　　*B:* 私は友だちが最も大切だと思います。

　　　_____

**点UP** □❸ *A:* What do you think about homework?
　　　　*B:* 私は，宿題は毎日あるべきだとは思いません。

　　　　_____

**❽ 次の英文を日本語にしなさい。**

□❶ I like spring because I can see a lot of flowers. I enjoy growing them.

（　　　　　　　　　　　　　　　　　　　　　　）

□❷ I think friendship is important. The reason is that you can't live alone. For example, when you need help, your friends will help you.

（　　　　　　　　　　　　　　　　　　　　　　）

**❾ 日本語に合う英文になるように，（　）内の語句や符号を並べかえなさい。**

□❶ 私の意見では，私たちは毎日早起きをすべきです。
In ( early / get / opinion / should / my / we / up / , )
every day.
In _____ every day.

□❷ この点については，私はあなたに賛成できません。
I ( with / agree / you / can't / this point / on ).
I _____.

□❸ その理由は，私たちは外国の人々とコミュニケーションをとるために，英語が必要だからです。
( communicate / need / that / English / we / the reason /
is / to ) with foreign people.

_____

_____ with foreign people.

---

**💡ヒント**

**❼**
❷「私は〜だと思います」という表現。
❸ There is 〜「〜があります」と should「〜すべき」の組み合わせ。

**❽**
❶最初の文の中に，自分の意見と理由が含まれている。
❷The reason is that 〜「その理由は〜だからです」

自分の考えを伝えるときのコツを覚えよう！①まず，自分の意見を言う。②その理由を述べる。③具体的な例や経験を加える。because, the reason is (that) 〜, for example などの表現がよく使われるよ！

**❾**
❶「私の意見（考え）では」という表現。
❷「私は賛成できません」から文を始める。
❸「〜するために」はto不定詞の副詞的用法。

Lesson 6 〜 Project 2

**Step 3** 予想テスト : **Lesson 6　Why do We Have to Work?**  **~ Project 2**

30分　目標80点　／100点

**❶** 日本語に合う英文になるように，____に適切な語を書きなさい。知　20点（各完答5点）

❶ 本日の討論はボランティア活動と関係があります。

Today's ＿＿＿ is ＿＿＿ ＿＿＿ volunteer activities.

❷ 今日，私たちは海外旅行のよい点について話し合います。何か思いつきますか。

Today we will ＿＿＿ the good points about traveling abroad.  Can you ＿＿＿ ＿＿＿ any?

❸ 人々が彼らの職場を離れる一般的な理由のいくつかは何ですか。

What are some of the ＿＿＿ ＿＿＿ for people to leave their jobs?

❹ 私は健康が最も大切であるという考えに賛成です。

I ＿＿＿ with the idea that ＿＿＿ is the most important thing.

**❷** 日本語に合う英文になるように，（　）内の語句を並べかえなさい。知　10点（各5点）

❶ 私は，自分が大好きな仕事をすることが大切だと信じています。

I believe ( do / it / the work / is / to / important ) you love.

❷ あなたが意味していることがわかりません。

I ( understand / what / mean / do / you / not ).

**❸** 次の対話文について（　）に入れるのに，最も適切な文の記号を書きなさい。知　14点（各7点）

❶ *Girl:*  I heard you bought a new bike. （　　）

*Boy:*  Yes.  I like it very much.

㋐ Is that true?　　㋑ Do you know that?　　㋒ How much was it?

㋓ Do you agree?

❷ *Girl:*  I don't think we should wear uniforms.

*Boy:*  （　　）I think we should be able to wear anything we like at school.

㋐ I wonder why.　　㋑ I disagree.　　㋒ Yes, we should.　　㋓ Me, neither.

**❹** 次の文を読んで，あとの問いに答えなさい。知 表　40点

*Aya:*　Let's start!  Do you all think we have to work?  ①（あなたはどうですか），Bob?

*Bob:*　Well, ②（私の意見[考え]では），yes.  If we don't, how can we live?

*Kenta:*　③（私はボブに賛成です）.  People need money.  But there's more to life than that.

*Mei:*　④（あなたの言う通りです），Kenta.  Our health, our friends and family, our hobbies—those are all important, too.

*Aya:*  ⑤( you / see / I / what / mean ), Mei.  ⑥Both working and spending time for ourselves are important.  But it's hard to find a balance.  My dad gets home late from work almost every evening.

❶ 下線部①②③④をそれぞれ次の指示に従って英語になおしなさい。　　24点(各6点)

①② （3語で）　　③ （「賛成する」という意味の動詞を使って4語で）　　④ （youを使って2語で）

❷ 下線部⑤が「あなたのおっしゃることはわかります」の意味になるように（　）内の語句を並べかえなさい。　　(6点)

❸ 下線部⑥を日本語になおしなさい。　　(10点)

**❺ 次の日本文を（　）内の指示に従って英語になおしなさい。**表　　16点(各8点)

① 私たちは今日，私たちの修学旅行について話します。（about, school tripを使って8語で）

② あなたは私に賛成ですか。（5語で）

| ❶ | ① | | |
| --- | --- | --- | --- |
| | ② | | |
| | ③ | | |
| | ④ | | |
| ❷ | ① | | |
| | ② | | |
| ❸ | ① | ② | |
| ❹ | ①① | | |
| | ② | | |
| | ③ | | |
| | ④ | | |
| | ② | | |
| | ③ | | |
| ❺ | ① | | |
| | ② | | |

Lesson 6 ～ Project 2

## Step 1 基本チェック ： Lesson 7　Debating Doggy Bags ～ Project 3  5分

■ 赤シートを使って答えよう！

### ❶ [司会をするときの表現]

解答欄

□ ❶ いっしょにその問題について討論しましょう。
Let's [ discuss ] the problem together.

❶ _____

□ ❷ あなたの番です。 It's [ your ] [ turn ].

❷ _____

### ❷ [賛成派・反対派の表現]

□ ❶ 私は全生徒にタブレット型パソコンが与えられるべきだと信じます。
I [ believe ] tablet PCs [ should ] be given to all students.

❶ _____

□ ❷ 私は私たちが新聞を読むべきだという考えに反対です。
I [ disagree ] [ with ] the idea that we should read the newspaper.

❷ _____

### ❸ [相づちを打つとき・根拠を述べるとき・話し終えるときの表現]

□ ❶ そうですね[あなたは正しいです]。You are [ right ].

❶ _____

□ ❷ 私はこれらの理由で私たちは一生懸命に勉強すべきだと思います。
For [ these ] [ reasons ], I think we should study hard.

❷ _____

□ ❸ 以上です。That's [ all ].

❸ _____

### POINT

❶ [司会をするときの表現]
・Let's discuss ～.「～について討論しましょう。」・It's your turn.「あなたの番です。」
・Would[Could] you please explain the reason?「理由を説明していただけますか。」

❷ [賛成派・反対派の表現]
①賛成派 ・I think (that) ～.「私は～だと思います。」・I agree with the idea that ～.「私は～という考えに賛成です。」・I (strongly) believe (that) ～.「私は～だと(強く)信じます。」
②反対派 ・I don't think (that) ～.「私は～だと思いません。」・I (strongly) disagree that ～.「私は～だということに(強く)反対します。」

❸ [相づちを打つとき・根拠を述べるとき・話し終えるときの表現]
①相づちを打つとき ・You're right.「そうですね[あなたは正しいです]。」・I see. [Got it.]「わかりました。」・That's a good point.「それはいい考えです。」・Exactly.「その通りです。」
②根拠を述べるとき ・According to ～「～によると」・For example「例えば」・First, ～. Second, ～. Third, ～.「第1に～。第2に～。第3に～。」・For these reasons「これらの理由で」・Thus「だから」
③話し終えるとき ・That's all.「以上です。」・Thank you.「ありがとうございました。」

## Step 2 予想問題　Lesson 7　Debating Doggy Bags ～ Project 3

30分
(1ページ10分)

### ❶ ①～⑭は単語の意味を書き，⑮～㉚は日本語を英語になおしなさい。

□❶ decline （　　　　）　　□❷ spoil （　　　　）
□❸ responsibility（　　　）　□❹ solution （　　　）
□❺ issue （　　　　）　　　□❻ perspective（　　　）
□❼ resolution （　　　）　　□❽ affirmative （　　）
□❾ negative （　　　　）　　□❿ process （　　　）
□⓫ provide （　　　　）　　□⓬ respond （　　　）
□⓭ allow （　　　　）　　　□⓮ regarding （　　　）
□⓯ ディベート ＿＿＿＿＿　□⓰ けれども ＿＿＿＿＿
□⓱ 廃棄物 ＿＿＿＿＿　　　□⓲ 調査 ＿＿＿＿＿
□⓳ 失う ＿＿＿＿＿　　　　□⓴ 可能な ＿＿＿＿＿
□㉑ 食事 ＿＿＿＿＿　　　　□㉒ 側 ＿＿＿＿＿
□㉓ ～を準備する＿＿＿＿＿　□㉔ ～を含む ＿＿＿＿＿
□㉕ ～を保存する＿＿＿＿＿　□㉖ 費用 ＿＿＿＿＿
□㉗ 価格 ＿＿＿＿＿　　　　□㉘ リスク ＿＿＿＿＿
□㉙ スピーチ，演説＿＿＿＿＿□㉚ 支払う ＿＿＿＿＿

### ❷ 次の語で最も強く発音する部分の記号を〇で囲みなさい。

□❶ in-tro-duce　　　　　□❷ av-er-age
　　ア　イ　ウ　　　　　　　ア　イ　ウ

□❸ dif-fer-ence　　　　　□❹ res-o-lu-tion
　　ア　イ　ウ　　　　　　　ア　イ　ウ　エ

### ❸ （　）内に入れるのに最も適切な語を，㋐～㋑から選びなさい。

□❶ The weather in Tokyo is hot and （　　） in summer.
　　㋐ afraid　　㋑ common　　㋒ precious　　㋓ humid

□❷ Eating at home can reduce the family （　　）.
　　㋐ pollution　　㋑ budget　　㋒ product　　㋓ nation

---

**💡ヒント**

**❶**
①②動詞。
⑤problemとほぼ同じ意味。
⑥viewとほぼ同じ意味。
⑦ディベートなどの「トピック」のこと。
⑧⑨ディベートはaffirmative side とnegative sideに分かれて行う。
⑨ここでの意味の反対語はaffirmativeだが，positiveの反対語でもある。

⑯ **❌｜ミスに注意**
thで始まる。発音しない文字があるのでつづりに注意。
⑱rで始まる。
㉕sで始まる。「店」という名詞の意味もある。

**❷**
②-ageで終わる語は原則として語頭にアクセントがくる。
④-tionで終わる語はその直前の音節にアクセントがくる。

**❸**
❶weather「天候」の話。
❷「家で食べること」が何を減らすかを考える。

Lesson 7 ～ Project 3

❹ 日本語に合う英文になるように，＿＿＿に適切な語を書きなさい。

☐ ❶ 生徒は，学校から植物を持ち帰りました。

Students ＿＿＿＿＿＿ ＿＿＿＿＿＿ the plants from school.

☐ ❷ なるほど。それはいい点をついていますね。

I ＿＿＿＿＿＿. That's a ＿＿＿＿＿＿ ＿＿＿＿＿＿.

☐ ❸ ケン，今度はあなたの番です。　Ken, it's your ＿＿＿＿＿＿.

☐ ❹ 世界を異なった視点から見てみましょう。

Let's look at the world ＿＿＿＿＿＿ a different ＿＿＿＿＿＿.

☐ ❺ 私はあなたの意見に強く反対します。

I ＿＿＿＿＿＿ ＿＿＿＿＿＿ with your opinion.

☐ ❻ たとえ私が忙しくても，私は宿題をしなければなりません。

I have to do my homework ＿＿＿＿＿＿ ＿＿＿＿＿＿ I'm busy.

❺ 次の＿＿＿に適切な語を下から選んで書きなさい。
ただし，同じ語を2度使うことはできません。

☐ ❶ May I ask ＿＿＿＿＿＿ a doggy bag?

☐ ❷ Let's eat ＿＿＿＿＿＿ at the new Italian restaurant tonight.

☐ ❸ Can you tell the difference ＿＿＿＿＿＿ dogs and wolves?

☐ ❹ 1,000 kilograms is defined ＿＿＿＿＿＿ 1 ton.

| between | out | as | for |
|---|---|---|---|

❻ 日本語に合う英文になるように，＿＿＿に適切な語を書きなさい。

☐ ❶ 食料廃棄の問題について話し合いましょう。

Let's ＿＿＿＿＿＿ the ＿＿＿＿＿＿ of food waste.

☐ ❷ 新聞によると，毎年600万トン以上の食糧が失われています。

＿＿＿＿＿＿ ＿＿＿＿＿＿ the newspaper, over six million tons of food is ＿＿＿＿＿＿ every year.

☐ ❸ 例えば，使われなかった食料は料理をするときに廃棄されます。

＿＿＿＿＿＿ ＿＿＿＿＿＿, unused food is discarded when you cook.

**ヒント**

❹
❶「持ち帰る」は「家に持っていく」という意味。
❷2文目は「いい考えですね」や「その通りです」と訳すこともできる。
❺「強く」はstrong「強い」の副詞形。
❻「たとえ～としても」はifを使って表す。

❺
❶「～を頼む」
❷「外食する」
❸「～と…の違い」
❹「～として定義される」

❻
ディベートでは，「～によると」，「例えば」などの根拠を述べる語句を使って，具体例や自分の経験を述べよう！これらは自分の主張をサポートするのに使うよ！

❶動詞「～について話し合う」は直後にaboutなどの語は不要。

**7** 次の英文を日本語にしなさい。

**点UP**

□ **1** I believe reducing waste is one solution.

( )

□ **2** I disagree that all students should do volunteer activities.

( )

□ **3** Could you please explain the reason?

( )

**8** 日本語に合う英文になるように，（ ）内の語句を並べかえなさい。

□ **1** ものを配達する過程で，私たちは空気を汚染しています。

( things / delivering / in / of / process / the ), we pollute the air.

_____, we pollute the air.

□ **2** 同じことが，ものを燃やすことにも言えます。

( the / about / same / be / said / can ) burning things.

_____ burning things.

□ **3** 私の考えでは動物を売ったり買ったりすべきではありません。

From ( not / my / of / point / we / view, / should ) buy or sell animals.

From _____

buy or sell animals.

**9** 下の日本語は，次のディベートの論題に対するある生徒の意見の概要をまとめたものです。それぞれの文の後ろにある（ ）内の語を使って英語になおしなさい。

論題：Boxed lunches are better than school lunches.

私はその考えに反対です。(idea)　2つのポイントがあります。(have)　第1に，給食は健康的です。(first)　それらにはたくさんの野菜が入っています。(have)　第2にそれらは温かいです。(warm)　だからそれらはおいしいです。(so)　これらの理由から，私は給食のほうがお弁当よりいいと思います。以上です。

_____

_____

_____

_____

_____

_____

**7**

**1** reducing は動名詞（「～すること」の意味）。

**3** Could you ～? は，ていねいな依頼。

**8**

**1** 「～する過程で」という意味の熟語を使う。

**2** 「同じことが～にも言える」という意味の表現を使う。

**3** 「～の考えでは」という意味の熟語を使う。

**9**

ディベートでは，いちばん最初に，論題に対する自分の意見を述べる。そのあとで，なぜそう考えるかという理由（根拠）を相手にわかりやすく伝えて，自分の主張をサポートする。そうすることで主張に説得力を持たせるんだ。

Lesson 7 ~ Project 3

**Step 3 予想テスト** ： **Lesson 7 Debating Doggy Bags ~ Project 3**  30分 目標80点 /100点

❶ 日本語に合う英文になるように，＿＿＿に適切な語を書きなさい。知 20点(各完答5点)

❶ 私はこの店の寿司が好きだけれども，価格が高すぎます。

＿＿＿＿ I like the sushi at this restaurant, the ＿＿＿＿ is too high.

❷ 母がまだ食事の準備をしていなかったら，私はあなたといっしょに外食をすることができます。

If my mother hasn't ＿＿＿＿ a ＿＿＿＿ yet, I can eat ＿＿＿＿ with you tonight.

❸ ディベートのトピックは食品廃棄物です。 The ＿＿＿＿ topic is ＿＿＿＿ ＿＿＿＿.

❹ 調査によると，90％以上の高校生がスマートフォンを所有しています。

＿＿＿＿ ＿＿＿＿ ＿＿＿＿, over 90% of high school students have smartphones.

❷ 日本語に合う英文になるように，（ ）内の語句を並べかえなさい。知 15点(各5点)

❶ 私たちは異なる視点から問題を考える必要があります。

We need to ( perspectives / from / about / think / issues / different ).

❷ 仕事と労働との違いは何ですか。

( the difference / labor / between / is / what / and / work )?

❸ 大量の食品を燃やすことで大気汚染を引き起こすことがあります。

( of / cause / burning / can / a lot / air pollution / food ).

❸ 次の対話文について（ ）に入れるのに，最も適切な文の記号を書きなさい。知 5点

*Girl:* I think students should study every day even on Sundays.

*Boy:* （ ） I think they should use their time for other things at least on Sundays.

⑦ I hate studying. ⑦ Got it. ⑦ I disagree. ㋑ You're right.

❹ 次の文を読んで，あとの問いに答えなさい。知 表 44点

All restaurants in Japan should introduce doggy bags. ①(私たちには２つのポイントがあります): "food loss" and "family budget."

②(第１に), "food loss." ③Government research reports over six million tons of food is lost yearly. ④( ) this loss is possible if we take leftovers home from restaurants.

⑤(第２に), "family budget." An average family spends about 290,000 yen a month, and about 80,000 yen is used for food. That is about 890 yen per meal. Doggy bags can reduce the family budget. ⑥(以上です。)

❶ 下線部①を 4 語の英語になおしなさい。 (6点)

❷ 下線部②⑤をそれぞれ 1 語の英語になおしなさい。 8点(各4点)

❸ 下線部③を日本語になおしなさい。 (8点)

❹ 下線部④の( )に入る語を次の中から選び，記号で答えなさい。 (5点)

　　㋐ Following　　㋑ Attracting　　㋒ Allowing　　㋓ Reducing

❺ 下線部⑥を 2 語の英語になおしなさい。 (5点)

❻ この話し手の主張( 1 文)とそれをサポートする 2 つのポイントを本文中から抜き出して書きなさい。 (完答12点)

**❺ 次の日本文を( )内の指示に従って英語になおしなさい。** 表 16点(各8点)

❶ 私はこの意見に強く反対します。(「反対する」という動詞を使って 6 語で)

❷ 理由を説明していただけますか。( 5 語で)

| ❶ | ❶ | | | |
| --- | --- | --- | --- | --- |
| | ❷ | | | |
| | ❸ | | | |
| | ❹ | | | |
| ❷ | ❶ | | | |
| | ❷ | | | |
| | ❸ | | | |
| ❸ | | | | |
| ❹ | ❶ | | | |
| | ❷ ② | ⑤ | | |
| | ❸ | | | |
| | ❹ | ❺ | | |
| | ❻ 主張 | | | |
| | ポイント 1 | | ポイント 2 | |
| ❺ | ❶ | | | |
| | ❷ | | | |

**Step 2** 予想問題 : **Reading ②**
**My Prayer for Peace**

⏱ 10分

❶ ❶～⑫は単語の意味を書き, ⑬～㉒は日本語を英語になおしなさい。

💡ヒント

☐❶ prayer （　　　　　）　☐❷ wealth （　　　　　）

☐❸ involve （　　　　　）　☐❹ memorial （　　　　　）

☐❺ atomic （　　　　　）　☐❻ bomb （　　　　　）

☐❼ destroy （　　　　　）　☐❽ recover （　　　　　）

☐❾ terrible （　　　　　）　☐❿ determine （　　　　　）

☐⓫ death （　　　　　）　☐⓬ itself （　　　　　）

☐⑬ 事実　＿＿＿＿＿＿　☐⑭ ～を落とす　＿＿＿＿＿＿

☐⑮ 基づく　＿＿＿＿＿＿　☐⑯ 困難　＿＿＿＿＿＿

☐⑰ 現実　＿＿＿＿＿＿　☐⑱ 決断, 決心　＿＿＿＿＿＿

☐⑲ 明るい　＿＿＿＿＿＿　☐⑳ ～を実感する＿＿＿＿＿＿

☐㉑ 重大さ, 大切さ＿＿＿＿＿　☐㉒ くり返す　＿＿＿＿＿＿

❶ ✕ミスに注意
❶playerと間違えないよう注意。
❻名詞。
⓫動詞形はdie。
⓬myselfなら「私自身」。
⑯difficultの名詞形。
⑰と⑳は関連語。
㉑importantの名詞形。

❷ 日本語に合う英文になるように＿＿に適切な語を書きなさい。

☐❶ 彼は自分の仕事をがんばり通す決心をしました。
　　He decided to ＿＿＿＿＿ ＿＿＿＿＿ ＿＿＿＿＿ his work.

☐❷ その母は4人の子どもを育てました。
　　The mother ＿＿＿＿＿ ＿＿＿＿＿ four children.

点UP ☐❸ 実際, 彼のスピーチは感動的でした。
　　＿＿＿＿＿ ＿＿＿＿＿, his speech was impressive.

❷
❶carryを使う3語からなる熟語。
❸「実際(に)」を2語でいう熟語。

熟語には❶❷のように動詞を中心とした熟語のほかに, ❸のような〈前置詞＋名詞〉の形の熟語などいろいろな形があるので意識して覚えていくといいよ！

❸ 次の＿＿に適切な語を下から選んで書きなさい。
　　ただし, 同じ語を2度使うことはできません。

☐❶ I like many subjects such ＿＿＿＿＿ math and science.

点UP ☐❷ The bus is not ＿＿＿＿＿ service today because of heavy snow.

☐❸ This film is based ＿＿＿＿＿ a popular Japanese manga.

☐❹ She was shocked ＿＿＿＿＿ the news.

| on | as | at | in |

❸
❶「～のような」
❷「運行中(で), 利用できる」
❸「～に基づいた」
❹「～にショックを受ける」

**Step 3** 予想テスト : **Reading ②**
**My Prayer for Peace**

15分　目標 80点　／100点

次の文を読んで，あとの問いに答えなさい。知 表

①Have you ever heard of *In This Corner of the World,* or *Kono Sekai no Katasumi ni*, a manga by Kono Fumiyo?  There is also ②an animated film (　　) (　　) the manga.  ③( shows / lived / us / this work / people in Hiroshima / how ) during the war.

I watched the film some years ago, and was shocked at many scenes.  The main character, Suzu, loses her hand in a terrible accident, but she determines ④to face reality and (　　) (　　) (　　) her life.  I think this is shown by her decision to bring up a little girl ⑤( which, she, who ) lost her family just after the atomic bomb.

❶ 下線部①を以下の（　）を補って日本語になおしなさい。　　　　　　　　　**(15点)**
「あなたは*In This Corner of the World*つまり『この世界の片隅に』という，こうの史代のマンガのことを（　　　　　　　　　　　　　）。」

❷ 下線部②④がそれぞれ以下の意味になるよう（　）に適切な語を書きなさい。　**30点(各15点)**
②「そのマンガに基づいたアニメ映画」　④「現実に直面し彼女の人生をがんばり通すこと」

❸ 下線部③が「この作品は私たちに広島の人々が戦争中にどのように生きたのかを示してくれます」という意味になるように（　）内の語句を正しく並べかえなさい。　**(15点)**

❹ 下線部⑤の（　）内から適切な語を選びなさい。　　　　　　　　　　　　　　**(10点)**

❺ 本文の内容に合っていれば〇を，間違っていれば×を書きなさい。　　　　**30点(各10点)**
ⓐ An animated film was made by Kono Fumiyo.
ⓑ Suzu lost her family after the atomic bomb was dropped.
ⓒ Suzu decided to continue her life with a little girl.

| ❶ | | | |
|---|---|---|---|
| ❷ | ② | | |
| | ④ | | |
| ❸ | | | |
| ❹ | | | |
| ❺ ⓐ | | ⓑ | ⓒ |

## Step 2 予想問題 ： Further Reading ① Painting the Fence

10分

**❶** ①〜⑩は単語の意味を書き，⑪〜⑳は日本語を英語になおしなさい。

💡ヒント

□ ① paint （　　　）　　□ ② fence （　　　）
□ ③ aunt （　　　）　　□ ④ punish （　　　）
□ ⑤ adventure （　　　）　□ ⑥ moment （　　　）
□ ⑦ curious （　　　）　　□ ⑧ carefully （　　　）
□ ⑨ joy （　　　）　　□ ⑩ whole （　　　）
□ ⑪ 怒っている ＿＿＿＿　□ ⑫ 〜を決める ＿＿＿＿
□ ⑬ 笑う ＿＿＿＿　　□ ⑭ ポケット ＿＿＿＿
□ ⑮ 陰うつな，暗い＿＿＿＿□ ⑯ 叫ぶ ＿＿＿＿
□ ⑰ 面倒なこと ＿＿＿＿　□ ⑱ 全部の ＿＿＿＿
□ ⑲ 法則 ＿＿＿＿　　□ ⑳ 〜を強く望む＿＿＿＿

**❶**
①動詞。
⑯sで始まる。
⑰tで始まる。カタカナ語にもなっている。
⑱eで始まる。
⑲「法律」という意味もある。
⑳dで始まる。

**❷** 日本語に合う英文になるように＿＿に適切な語を書きなさい。

□ ① 好きなデザートを自由に何でも食べていいですよ。
You are ＿＿＿＿ ＿＿＿＿ have any dessert you like.
□ ② ネズミはネコからできるだけ速く逃げました。
The mouse ran away from the cat as fast ＿＿＿＿ ＿＿＿＿.
□ ③ 私は彼がその映画を気に入るだろうかと思いました。
I ＿＿＿＿ ＿＿＿＿ he would like that movie.

**❷**
①free「自由な」を使った熟語。

熟語には〈be動詞＋形容詞＋to不定詞〉などで構成するものも多いよ。

②「できるだけ速く」は「可能な限り速く」ということ。
③「不思議に思う」という意味もある。

**❸** 次の＿＿に適切な語を下から選んで書きなさい。ただし，同じ語を2度使うことはできません。

□ ① My mother got very angry ＿＿＿＿ me.
□ ② My father bought me some books instead ＿＿＿＿ a bike.
□ ③ You are ＿＿＿＿ trouble because you broke the window.
□ ④ Please come ＿＿＿＿ the teachers' room at two o'clock.

| at | in | of | by |

**❸**
①「〜に腹を立てる」
②「〜の代わりに」
③「面倒に巻き込まれる」
④「立ち寄る」

# Step 3 予想テスト : Further Reading ① Painting the Fence

15分 /100点 目標80点

次の文を読んで，あとの問いに答えなさい。知 表

①Ben stopped eating the apple. "Let me paint a little," he said. Tom replied, "No, Ben. Aunt Polly wants this fence to be perfect. ②It ( ) ( ) ( ) very carefully." "Oh, Tom, let me try. Only a little. I will give you this apple." Tom gave the brush ③( for, at, to ) Ben reluctantly, but with joy in his heart. ④( During, While, Over ) Ben was painting, Tom sat under the tree and ate the apple.

The whole afternoon, ⑤(何度も), friends came by. ⑥They stopped to laugh, but stayed to paint. Each one paid with a little toy, and Tom let them paint.

By the end of the afternoon, he was rich and the entire fence was painted. Tom learned ⑦a great law of human nature that day. A person will desire something if it is not easy to get.

Mark Twain *The Adventure of Tom Sawyer*

❶ 下線部①⑥を日本語になおしなさい。 20点(各10点)

❷ 下線部②が「それはとても念入りにされなければならないんだよ。」の意味になるように( )に入る適切な語を書きなさい。 (完答15点)

❸ 下線部③④の( )内から適切な語を選びなさい。 10点(各5点)

❹ 下線部⑤を3語の英語になおしなさい。 (10点)

❺ 下線部⑦の「人間性の偉大な法則」の具体的な内容を日本語で書きなさい。 (15点)

❻ 本文の内容に合っていれば○を，間違っていれば×を書きなさい。 30点(各10点)
  ⓐ Tom didn't want his friends to paint the fence.
  ⓑ They finished painting the fence before night.
  ⓒ Tom got a better understanding of human nature that day.

| ❶ ① | | |
|---|---|---|
| ⑥ | | |
| ❷ | | |
| ❸ ③ | ④ | |
| ❹ | | |
| ❺ | | |
| ❻ ⓐ | ⓑ | ⓒ |

Further Reading ①

成績評価の観点 知…言語や文化についての知識・技能 表…外国語表現の能力

## Step 2 予想問題 : Further Reading ② Counting on Katherine Johnson

20分
(1ページ10分)

**1** ①〜⑩は単語の意味を書き，⑪〜⑳は日本語を英語になおしなさい。

**ヒント**

☐① count （　　　　　） ☐② college （　　　　　）
☐③ major （　　　　　） ☐④ graduate （　　　　　）
☐⑤ flight （　　　　　） ☐⑥ project （　　　　　）
☐⑦ rely （　　　　　） ☐⑧ participate （　　　　　）
☐⑨ retire （　　　　　） ☐⑩ impressive （　　　　　）
☐⑪ 歩み ＿＿＿＿＿ ☐⑫ 皿 ＿＿＿＿＿
☐⑬ 学年 ＿＿＿＿＿ ☐⑭ 宇宙 ＿＿＿＿＿
☐⑮ 宇宙飛行士 ＿＿＿＿＿ ☐⑯ 電子の ＿＿＿＿＿
☐⑰ 出席する ＿＿＿＿＿ ☐⑱ 会議 ＿＿＿＿＿
☐⑲ 招待する ＿＿＿＿＿ ☐⑳ 向かう ＿＿＿＿＿

**1**
③④動詞。
⑥カタカナ語にもある。
⑫pで始まる。
⑯ **✕ ミスに注意**
electric「電気の」と混同しないこと。
⑳名詞の意味は「頭」。

**2** 日本語に合う英文になるように，＿＿に適切な語を書きなさい。

☐① 困ったときは私を頼りなさい。
＿＿＿＿＿ ＿＿＿＿＿ me when you are in trouble.

☐② 一生懸命に勉強をし続けなさい，そうすればあなたの夢はかなうでしょう。
＿＿＿＿＿ ＿＿＿＿＿ hard, and your dreams will come true.

☐③ 銀座の大通りは今までと同じようににぎやかでした。
The main street in Ginza was as busy ＿＿＿＿＿ ＿＿＿＿＿.

**2**
①「〜を頼りにする」という意味の熟語。
③busyの前にasがあることに注意。

〈as＋形容詞＋as 〜〉や比較級を使った熟語は，文を理解するうえで重要になるので正確に覚えよう！

**3** 次の＿＿に適切な語を下から選んで書きなさい。
ただし，同じ語を2度使うことはできません。

☐① I want to get a job related ＿＿＿＿＿ computers.
☐② ＿＿＿＿＿ that time, there wasn't a library here.
☐③ He is interested ＿＿＿＿＿ science.
☐④ That question wasn't easy ＿＿＿＿＿ me.

| for | at | to | in |

**3**
①「〜と関係がある」
②「当時」
③「〜に興味がある」
④「〜にとっては」

**ヒント**

**❹** 日本語に合う英文になるように， ____ に適切な語を書きなさい。

□**①** 私の母は大学を1998年に卒業しました。

My mother _____ _____ _____ in 1998.

□**②** 私たちはパーティーをする準備ができています。

We are _____ _____ have the party.

□**③** 父は退職するまで一生懸命に働き続けました。

My father _____ _____ hard until he retired.

□**④** ガガーリンは宇宙飛行を行った最初の人物です。

Gagarin was the first person to make a _____ into _____.

**❹**
**①** cで始まる「大学」。大学院課程などのない比較的小規模な大学のこと。
**③**「～し続ける」
**④**「宇宙飛行」は「宇宙の中への飛行」と考える。

**❺** 日本語に合う英文になるように，（　）内の語句を並べかえなさい。

□**①** 当時，私はよく友だちに頼っていました。

I ( on / relied / days / those / my friends / often / in ).

I _____.

□**②** 先生は，私たちに学習した新しい単語を覚えてほしいと思っています。

The teacher ( us / wants / the new words / remember / to ) we learned.

The teacher _____

_____ we learned.

□**③** その宇宙飛行士は月面に，人類最初の第１歩を踏み入れました。

The astronaut ( the moon / first / mankind's / took / on / step ).

The astronaut _____.

**❺**
**①** 時を表す語句（当時）は文末に置く。

**②**〈want＋人＋to＋動詞の原形〉の形で「人に～してほしい」を表すよ。

**③**「踏み入れる」はtake a stepと言う。

**❻** 次の日本文を（　）内の指示に従って英語になおしなさい。

□**①** あなたはこれまでにNASAに行ったことがありますか。
（everを使って６語で）

_____

□**②** 彼女は６月に結婚しました。（gotを使って５語で）

_____

□**③** 当時，私の友だちは私のことをミクと呼んでいました。
（Atで始めて８語で）

_____

**❻**
**①** 現在完了形。
**②**「結婚する」の言い方。
**③**「～を…と呼ぶ」の語順を考える。

点UP

Further Reading ②

## Step 3 予想テスト Further Reading ②
## Counting on Katherine Johnson

⏱ 30分 ／100点 目標 80点

**❶ 日本語に合う英文になるように， ＿＿に適切な語を書きなさい。** 知 　20点（各完答5点）

❶ 私は生き物について学ぶことに興味があります。

I ＿＿＿＿ ＿＿＿＿ ＿＿＿＿ learning about living things.

❷ 選手たちは，雨が降り始めたあともサッカーをし続けていました。

The players ＿＿＿＿ ＿＿＿＿ soccer even after it started to rain.

❸ 私たちはコンピューターにかなり頼っています。

We ＿＿＿＿ ＿＿＿＿ computers a lot.

❹ 彼女はその会議に出席するよう招かれました。

She was ＿＿＿＿ to ＿＿＿＿ the ＿＿＿＿.

**❷ 次の文を読んで，あとの問いに答えなさい。** 知 表 　56点

Katherine ①majored in math and French. ②She (　　) (　　) (　　) be a math researcher when she graduated from college with honors in 1937, but ③( find ) a job as a math researcher was difficult ④(　　) an African American woman. She taught French and piano ⑤(　　) elementary school children. She went to graduate school ⑥(　　) the meantime. She got married and started her own family, too.

⑦In 1953 Katherine offered a job as a research mathematician at the National Advisory Committee for Aeronautics (NACA). ⑧( mathematicians / research / called / "computers" / people ) those days because their job was to compute numbers. Katherine loved her job as a computer.

❶ 下線部①の意味として適切なものを次の中から選び，記号で答えなさい。　　　　　　（5点）

　㋐ 学習した　　㋑ 除外した　　㋒ 大切にした　　㋓ 専攻した

❷ 下線部②が「彼女は数学の研究者になる準備ができていました」の意味になるように，（　）に適切な語を書きなさい。　　　　　　（完答5点）

❸ 下線部③を適切な形にしなさい。ただし，１語で答えること。　　　　　　（5点）

❹ 下線部④⑤⑥の（　）に入る適切な語を次の中から選びなさい。ただし，同じ語を２度使うことはできません。　　　　　　12点（各4点）

　㋐ in　　㋑ for　　㋒ to

❺ 下線部⑦には誤りが１か所あります。それを指摘し，その部分を正しくなおしなさい。　（6点）

⑥ 下線部⑧が「人々は数学研究者を『コンピューター』と呼びました」の意味になるように（　）内の語句を並べかえなさい。 **(8点)**

⑦ 本文の内容に合っていれば○を，間違っていれば×を書きなさい。 **15点(各5点)**
　ⓐ Katherine wanted to be an elementary school teacher.
　ⓑ Katherine was a French and piano teacher.
　ⓒ At Katherine's new job, she computed numbers.

**❸ 次の日本文を（　）内の指示に従って英語になおしなさい。** 表 **24点(各8点)**

❶ 母は私に大学に行ってほしいと思っています。(to collegeを使って8語で)

❷ 私たちはそれを電子マネーと呼びます。(electronicを使って5語で)

❸ 父は，今までと同じように忙しいです。(everを使って7語で)

| ❶ | ❶ | | | |
|---|---|---|---|---|
| | ❷ | | ❸ | |
| | ❹ | | | |
| ❷ | ❶ | | ❷ | |
| | ❸ | | ❹ ④ | ⑤ ⑥ |
| | ❺ 誤りの箇所： | → 修正後： | | |
| | ❻ | | | |
| | ❼ ⓐ | ⓑ | ⓒ | |
| ❸ | ❶ | | | |
| | ❷ | | | |
| | ❸ | | | |

## Step 2 予想問題 Further Reading ③ Free The Children

20分
(1ページ10分)

**❶ ❶～⑩は単語の意味を書き，⑪～⑳は日本語を英語になおしなさい。**

🔵 ヒント

- ☐❶ free （ 　　　　 ）
- ☐❷ figure （ 　　　　 ）
- ☐❸ laborer （ 　　　　 ）
- ☐❹ force （ 　　　　 ）
- ☐❺ escape （ 　　　　 ）
- ☐❻ truth （ 　　　　 ）
- ☐❼ political （ 　　　　 ）
- ☐❽ support （ 　　　　 ）
- ☐❾ healthy （ 　　　　 ）
- ☐❿ lesson （ 　　　　 ）
- ☐⑪ 危険な 　＿＿＿＿＿
- ☐⑫ 死 　＿＿＿＿＿
- ☐⑬ はっきりした＿＿＿＿＿
- ☐⑭ 指導者 　＿＿＿＿＿
- ☐⑮ 社長，大統領＿＿＿＿＿
- ☐⑯ 大人（の） 　＿＿＿＿＿
- ☐⑰ ～を旅行する＿＿＿＿＿
- ☐⑱ 貧しい 　＿＿＿＿＿
- ☐⑲ ～が広がる 　＿＿＿＿＿
- ☐⑳ 活動している＿＿＿＿＿

**❶**
❶❹❺動詞。
❷名詞。「数字」という
意味もある。
❽名詞。
❿「練習，レッスン」と
いう意味もある。
⑭カタカナ語にもなっ
ている。
⑳形容詞。「活動的な」
という意味もある。

**❷ 日本語に合う英文になるように＿＿に適切な語を書きなさい。**

- ☐❶ 彼らは，児童労働についてはっきりと意見を述べていました。
  They were ＿＿＿＿＿ ＿＿＿＿＿ about child labor.
- ☐❷ ますます多くの生徒がその問題について考え始めました。
  ＿＿＿＿＿ ＿＿＿＿＿ ＿＿＿＿＿ students
  began to think about the problem.
- ☐❸ さらに彼らはスピーチや研修会も提供しました。
  ＿＿＿＿＿ ＿＿＿＿＿, they offered speeches and
  workshops.

点UP

**❷**
❶ ❌ ミスに注意
「はっきりと意見を
述べる」という意味の
熟語。were がある
ことに注意。
❷「ますます多くの」と
いう比較表現。
❸「さらに，加えて」

**❸ 次の＿＿に適切な語を下から選んで書きなさい。
ただし，同じ語を2度使うことはできません。**

- ☐❶ I am the same age ＿＿＿＿＿ your brother.
- ☐❷ She fights ＿＿＿＿＿ global warming.
- ☐❸ Together ＿＿＿＿＿ nine of his friends, he made a
  baseball team.
- ☐❹ Thanks ＿＿＿＿＿ your help, I could finish my homework.

| against | to | as | with |

**❸**
❶「～と同じ年」
❷「～と闘う」
❸「～といっしょに」
❹「～のおかげで」

**❹ 日本語に合う英文になるように，＿＿に適切な語を書きなさい。**

□❶ ゲームが好きな生徒もいれば，スポーツが好きな生徒もいます。
＿＿＿＿＿＿ students like games, and ＿＿＿＿＿＿ like sports.

□❷ そのとき，私はお金をほとんど持っていませんでした。
I had v＿＿＿＿＿ ＿＿＿＿＿＿ money at that time.

□❸ 父は朝早くから夜遅くまで働きます。
My father works ＿＿＿＿＿＿ early morning ＿＿＿＿＿＿ late at night.

**❺ 日本語に合う英文になるように，（　）内の語句を並べかえなさい。**

□❶ その写真は，その子どもたちの日常生活を私たちに示しています。
The picture ( everyday / us / shows / the children's / life ).
The picture ＿＿＿＿＿＿＿＿＿＿＿＿＿＿＿＿.

□❷ 私たちの学校は，生徒にスピーチをしてもらうために彼を招きました。
Our school ( a speech / to / invited / make / him ) for the students.
Our school ＿＿＿＿＿＿＿＿＿＿＿＿＿＿
for the students.

□❸ 彼は，率直に意見を述べることがどれほど大切かを知っていました。
He ( how / speaking / knew / out / important / is ).
He ＿＿＿＿＿＿＿＿＿＿＿＿＿＿＿＿.

□❹ すべての人は，世界をよりよい場所にするために何かができます。
Everyone can ( to / a better place / something / make / do / the world ).
Everyone can ＿＿＿＿＿＿＿＿＿＿＿＿＿＿
＿＿＿＿＿＿＿＿＿＿＿＿＿＿＿＿＿＿.

**❻ 次の日本文を（　）内の指示に従ってに英語になおしなさい。**

□❶ 両親のおかげで，私は留学できます。(study abroadを使って8語で)
＿＿＿＿＿＿＿＿＿＿＿＿＿＿＿＿＿＿＿

□❷ 彼の話は私たちに1つの重要な教訓を教えてくれます。
(lessonを使って7語で)
＿＿＿＿＿＿＿＿＿＿＿＿＿＿＿＿＿＿＿

点UP

［解答 ▶ pp.18-19］ **57**

---

ヒント

❹
❶「何人かの生徒は〜で，ほかの生徒は…だ」と言いかえて考える。
❷「ほとんど〜ない」
❸「〜から…まで」

❺

英語の語順は〈主語＋動詞＋その他〉が基本だよ。つまり「だれが，どうした」を先に言ったあとにその他の内容が続くよ。❺を解くときも〈主語＋動詞〉から文を始めよう！

❶〈show＋人＋もの〉の語順。
❷〈動詞＋人＋to不定詞〉の形。
❸間接疑問文。
❹makeのあとの語順に注意。

❻
❷「重要な」は「大切な」と同じ語。

Further Reading ③

## Step 3 予想テスト : Further Reading ③ Free The Children

30分 ⏱ 目標 80点 /100点

**❶ 日本語に合う英文になるように， ____ に適切な語を書きなさい。** 知 　　15点（各完答5点）

① その少年は，児童労働者としての自分の経験についてはっきり話そうと決心しました。

The boy decided to _____ _____ about his experience as a child _____.

② ＦＴＣは日本を含めた150か国以上で活動しています。

FTC is _____ in _____ _____ 150 countries, _____ Japan.

③ 私は英語を勉強することにますます興味を持つようになりました。

I became _____ _____ _____ interested in studying English.

**❷ 次の文を読んで，あとの問いに答えなさい。** 知 表 　　69点

Together with 11 of his friends, Craig formed a group named "Free The Children," or FTC in 1995.

FTC started ①( collect ) and ( send ) petitions to political leaders and company presidents. FTC members also gave speeches ②( ___ ) students and other groups. ③Craig was asked many questions that he could not answer, so he wanted to see child labor with his own eyes. He and Alam Rahman, a young adult ④( ___ ) had relatives in Bangladesh, traveled to Asia ⑤( ___ ) seven weeks. They visited Bangladesh, Thailand, India, Pakistan, and Nepal. Craig met and talked with many children ⑥( ___ ) had experience as forced laborers. Some of ⑦them came from poor families, and ⑧( another, other, others ) had no family at all. Every day, they worked from early morning ⑨( ___ ) late at night and received almost no money. Craig listened to all their stories and ⑩( important / FTC / how / was / understood ).

① 下線部①の（ ）内の語を適切な形にしなさい。ただし，それぞれ１語で答えること。　（完答6点）

② 下線部②⑤⑨の（ ）に入る適切な語を次の中から選びなさい。ただし，同じ語を２度使うことはできません。　　12点（各4点）

　㋐ for　　㋑ to　　㋒ until

③ 下線部③を日本語になおしなさい。　（8点）

④ 下線部④⑥の（ ）に共通して入る語を次の中から選びなさい。　（5点）

　㋐ which　　㋑ who　　㋒ they

⑤ 下線部⑦のthemが指すものを，本文中から抜き出して２語で答えなさい。　（6点）

⑥ 下線部⑧の（ ）内から適切な語を選びなさい。　（5点）

⓻ 下線部⑩が「ＦＴＣがどれほど大切であるかを理解しました」という意味になるように（　）内の語句を正しく並べかえなさい。　　　　　　　　　　　　　　（6点）

⓼ 次の質問に英語で答えなさい。　　　　　　　　　　　　　　　　　　　（6点）

Why did Craig want to see child labor with his own eyes?

⓽ 本文の内容に合っていれば〇を，間違っていれば×を書きなさい。　　15点（各5点）

ⓐ Political leaders and company presidents asked Craig to form a group, FTC.

ⓑ Craig went to Asian countries to see and talk with working children.

ⓒ Craig and Alam were forced to work very hard in Asian countries for no money.

❸ 次の日本文を（　）内の指示に従って英語になおしなさい。表　　16点（各8点）

❶ 働くことを強制される子どもたちもいます。（some children を主語にして）

❷ さらに彼は，その子どもたちの話を聞きました。（in と listen を使って，8語で）

| ❶ | ❶ | | | | |
|---|---|---|---|---|---|
| | ❷ | | | | |
| | ❸ | | | | |
| ❷ | ❶ | | | | |
| | ❷ ② | ⑤ | ⑨ | | |
| | ❸ | | | | |
| | ❹ | ❺ | | | |
| | ❻ | | | | |
| | ❼ | | | | |
| | ❽ | | | | |
| | ❾ ⓐ | | ⓑ | | ⓒ |
| ❸ | ❶ | | | | |
| | ❷ | | | | |

## Step 2 予想問題 ：Further Reading ④ John Mung

20分
(1ページ10分)

### ❶ ❶〜❻は単語の意味を書き，❼〜⑯は日本語を英語になおしなさい。

💡ヒント

☐❶ polite （    ）    ☐❷ prison （    ）

☐❸ naturally （    ）    ☐❹ hardship （    ）

☐❺ tackle （    ）    ☐❻ bravely （    ）

☐❼ 漁師 _____    ☐❽ 舟(ふね) _____

☐❾ ナイフ _____    ☐❿ 〜がいなくて寂(さび)しい _____

☐⓫ 十分な量[数] _____    ☐⓬ それでも _____

☐⓭ 〜に質問(しつ)する _____    ☐⓮ 温かく _____

☐⓯ 教科書 _____    ☐⓰ 架(か)け橋，橋 _____

### ❷ 日本語に合う英文になるように___に適切な語を書きなさい。

☐❶ 両親は，祖母の名にちなんでその赤ちゃんをメアリーと名づけました。

The parents _____ the baby Mary _____ her grandmother.

☐❷ 調子はどうですか。――万事うまくいっています。

How's it going?

―― Everything is _____ _____.

☐❸ 東京では，何よりも夜景がとても美しかったです。

_____ _____ _____, the view at night was so beautiful in Tokyo.

### ❸ 次の___に適切な語を下から選んで書きなさい。 ただし，同じ語を2度使うことはできません。

☐❶ Thousands _____ people tried to realize the American dream.

☐❷ My mother works _____ an interpreter.

☐❸ He visited many countries. _____ example, Italy, Egypt, and China.

☐❹ Don't give _____! We can still win the game.

| up | as | for | of |
|---|---|---|---|

❹ 日本語に合う英文になるように， ____に適切な語を書きなさい。

□❶ 私は今日，外食するのに十分なお金を持っていません。

I don't have _____ money _____ eat out today.

□❷ 当時，日本は諸外国に門戸を閉ざしていました。

_____ those days, Japan's doors were _____ _____ other countries.

□❸ 高校を卒業したとき，彼女は希望でいっぱいでした。

She was _____ _____ hope when she graduated from high school.

□❹ 東京と大阪の間を夜行バスが毎日運行しています。

Night buses run _____ Tokyo _____ Osaka every day.

❺ 日本語に合う英文になるように，（ ）内の語句を並べかえなさい。

□❶ この村に住む子どもは 1 人もいません。

( no / are / living / children / there ) in this village.

_____ in this village.

□❷ 私たちは明日，あなたに会議に出席してほしいです。

We ( tomorrow / you / the meeting / attend / to / want ).

We _____.

□❸ 彼らは子どもたちにコンピューターを通して教育をしています。

They ( an / computers / give / education / through / children ).

They _____.

❻ 次の日本文を（ ）内の指示に従って英語になおしなさい。

□❶ 私はその子ネコを家に連れて帰りたいです。

(the kitten「その子ネコ」，home を使って 7 語で)

_____

□❷ あなたの助けのおかげで，私は試験に合格できました。

(because で始めて，exam を使って 9 語で)

_____

🔆ヒント

❹

❶「外食するためのお金」と言いかえて to 不定詞を使う。

❸「～でいっぱいである」という意味の熟語。

❹「～と…の間」と 2 つのものの間を言うときに使う熟語。

❺

❶「～がある」の構文。

❷「人に～してほしい」は〈want ＋人＋ to ＋動詞の原形〉の形。時を表す語(tomorrow)は文末に置く。

❸「～に教育を与える」と考える。〈give ＋人＋もの〉の語順。

英文は動詞のあとの語順を正確に理解することが大切。日本語とは逆になることが多いから注意しよう！

❻

❶take ～ home で「～を家に連れて帰る」の意味。

❷because を使った「～のおかげで」の熟語。「～のせいで」という意味もある。

Further Reading ❹

**Step 3** 予想テスト ： **Further Reading ④**
**John Mung**

⏱ 30分　　／100点　目標80点

❶ 日本語に合う英文になるように，＿＿＿に適切な語を書きなさい。知　　20点（各完答5点）

❶ 日本の新しいスーパーコンピューターは富士山にちなんで富岳と名づけられました。

Japan's new supercomputer was ＿＿＿ Fugaku ＿＿＿ Mt. Fuji.

❷ 何よりも，英語を学ぶことが彼にとって大切でした。

＿＿＿ ＿＿＿ ＿＿＿, learning English was important to him.

❸ その理科の教科書は，カラフルな写真でいっぱいです。

The science ＿＿＿ is ＿＿＿ ＿＿＿ colorful pictures.

❹ 今や日本のマンガは日本と世界の間の架け橋になっています。

Japanese manga is now a ＿＿＿ ＿＿＿ Japan ＿＿＿ the world.

❷ 次の文を読んで，あとの問いに答えなさい。知 表　　64点

　　Manjiro wanted to go right back to Tosa, ①( ) he couldn't because ②(当時) Japan's doors were closed to other countries. Anyone from a foreign country was caught and sent to prison. So he got off the ship near Ryukyu in 1851. ③( ), he was caught and questioned there for seven months.

　　④( ) one year, he finally went back to his hometown. ⑤He ( ) ( ) ( ) see his mother, brothers, and sisters.

　　The next year the Kurofune, ⑥( ) black ships, came to Uraga. ⑦Manjiro was the only person who knew anything about America. He was also the only person who spoke English well. ⑧The Tokugawa Government ( ) him ( ) Edo. Manjiro was made a samurai. His name was changed to Nakahama Manjiro. ⑨The meeting ( Manjiro's help / Perry / because / went / of / well / with ).

❶ 下線部①③④⑥の（ ）に入る適切な語を次の中から選びなさい。ただし，同じ語を2度使うことはできません。　　12点（各3点）

⑦ still　　④ or　　⑦ after　　④ but

❷ 下線部②をinを使って3語の英語になおしなさい。　　(6点)

❸ 下線部⑤が「彼は母親，兄弟姉妹と会うことができた。」の意味になるように（ ）に適切な語を書きなさい。　　(完答6点)

❹ 下線部⑦を日本語になおしなさい。　　(8点)

❺ 下線部⑧が「徳川幕府は彼を江戸に呼び出しました。」の意味になるように（ ）に適切な語を書きなさい。　　(完答6点)

❻ 下線部⑨が「ペリー提督との会談は万次郎の助力のおかげでうまくいきました。」の意味になるように（　）内の語句を並べかえなさい。 **(6点)**

❼ 本文の内容に合っていれば○を，間違っていれば×を書きなさい。 **20点(各5点)**

 ⓐ Manjiro couldn't go back to Tosa right away because he was caught in prison in America.

 ⓑ Manjiro had to stay near Ryukyu for seven months.

 ⓒ Manjiro was one of the many Japanese people who knew about America.

 ⓓ Manjiro's name was changed when he became a samurai.

**❸ 次の日本文を（　）内の指示に従って英語になおしなさい。** 表    **16点(各8点)**

❶ 私は，傘を買うのに十分なお金を持っていませんでした。(an umbrellaを使って9語で)

❷ もしあなたが日本に帰ったら，私はあなたがいなくてさびしくなります。(willとifを使って10語で)

| ❶ | ❶ | | | |
| --- | --- | --- | --- | --- |
| | ❷ | | | |
| | ❸ | | | |
| | ❹ | | | |
| ❷ | ❶ ① | ③ | ④ | ⑥ |
| | ❷ | | | |
| | ❸ | | | |
| | ❹ | | | |
| | ❺ | | | |
| | ❻ | | | |
| | ❼ ⓐ | ⓑ | ⓒ | ⓓ |
| ❸ | ❶ | | | |
| | ❷ | | | |

# テスト前 ✓ やることチェック表

① まずはテストの目標をたてよう。頑張ったら達成できそうなちょっと上のレベルを目指そう。
② 次にやることを書こう（「ズバリ英語○ページ，数学○ページ」など）。
③ やり終えたら□に✓を入れよう。
　　最初に完ぺきな計画をたてる必要はなく，まずは数日分の計画をつくって，
　　その後追加・修正していっても良いね。

| 目標 |
|------|
|      |

|  | 日付 | やること1 | やること2 |
|---|---|---|---|
| 2週間前 | ／ | ☐ | ☐ |
| | ／ | ☐ | ☐ |
| | ／ | ☐ | ☐ |
| | ／ | ☐ | ☐ |
| | ／ | ☐ | ☐ |
| | ／ | ☐ | ☐ |
| | ／ | ☐ | ☐ |
| 1週間前 | ／ | ☐ | ☐ |
| | ／ | ☐ | ☐ |
| | ／ | ☐ | ☐ |
| | ／ | ☐ | ☐ |
| | ／ | ☐ | ☐ |
| | ／ | ☐ | ☐ |
| | ／ | ☐ | ☐ |
| テスト期間 | ／ | ☐ | ☐ |
| | ／ | ☐ | ☐ |
| | ／ | ☐ | ☐ |
| | ／ | ☐ | ☐ |
| | ／ | ☐ | ☐ |

QRコードのページに登録すると，「ぴたリンク」からも表をダウンロードできるよ

# テスト前 ✅ やることチェック表

① まずはテストの目標をたてよう。頑張ったら達成できそうなちょっと上のレベルを目指そう。
② 次にやることを書こう（「ズバリ英語〇ページ，数学〇ページ」など）。
③ やり終えたら☐に✔を入れよう。
　最初に完ぺきな計画をたてる必要はなく，まずは数日分の計画をつくって，
　その後追加・修正していっても良いね。

目標

| | 日付 | やること1 | やること2 |
|---|---|---|---|
| **2週間前** | ／ | ☐ | ☐ |
| | ／ | ☐ | ☐ |
| | ／ | ☐ | ☐ |
| | ／ | ☐ | ☐ |
| | ／ | ☐ | ☐ |
| | ／ | ☐ | ☐ |
| | ／ | ☐ | ☐ |
| **1週間前** | ／ | ☐ | ☐ |
| | ／ | ☐ | ☐ |
| | ／ | ☐ | ☐ |
| | ／ | ☐ | ☐ |
| | ／ | ☐ | ☐ |
| | ／ | ☐ | ☐ |
| | ／ | ☐ | ☐ |
| **テスト期間** | ／ | ☐ | ☐ |
| | ／ | ☐ | ☐ |
| | ／ | ☐ | ☐ |
| | ／ | ☐ | ☐ |
| | ／ | ☐ | ☐ |

## Review Lesson

**p.3** **Step 2**

❶ 1 基本の　2 自分の，自身の　3 フランスの
　 4 伝統　5 chance　6 discover
　 7 name　8 chef

❷ 1 イ　2 ウ　3 イ

❸ 1 what to　2 how to make
　 3 when to start　4 where to visit

❹ 1 (We) call this food *onigiri* in Japanese(.)
　 2 (The) book made me sleepy(.)
　 3 It is fun for her to make (cookies with her mother.)

考え方

❶ 2 「独自の」という意味でも使う。
　 3 「フランス」はFranceという。

❷ 1 surprisedは後ろの音節を強く発音する。
　 3 -ionはその直前の音節を強く発音する。

❸ 1 「何を〜すべきか」はwhat to 〜。
　 2 「〜する方法[〜の仕方]」はhow to 〜。
　 3 「いつ〜するか」はwhen to 〜。
　 4 「どこを〜するか」はwhere to 〜。

❹ 1 動詞callのあとは〈もの[人]＋名前〉の語順。
　　 2つの名詞が続く点に注意。
　 2 「その本が私を眠くさせた」となるように英文
　　を組み立てる。主語はThe book。〈make
　　＋人＋形容詞〉の語順に注意。
　 3 「〈人〉にとって〜することは…です」という
　　文は〈It is ...＋for＋人＋to＋動詞の原形〉
　　でまとめられる。

**pp.4-5** **Step 3**

❶ 1 It, for, discover[find]　2 traditions, basic
　 3 chance, own　4 how to, chef

❷ 1 (Please) tell me when to visit (Hokkaido.)
　 2 (We) call this fish *maguro* in Japanese(.)

3 (It is) important for us to eat breakfast
　 (every day.)

❸ 1 ウ　2 was discovered
　 3 He named the taste umami.　4 to
　 5 It was so interesting for me to learn

❹ 1 I don't know what to do next.
　 2 They didn't know how to get to the museum.
　 3 What made you angry?

考え方

❶ 1 〈It is ...＋for＋人＋to＋動詞の原形(discover
　　[find])〉でまとめる。
　 3 「自分自身のスピーチ」は，my own speech。
　 4 「〜する方法」は，〈how to＋動詞の原形〉。

❷ 1 「いつ訪れるべきか」はwhen to visit。
　 2 「〜を…と呼ぶ」は，〈call＋もの[人]＋名前〉
　　の形でcall this fish *maguro*と表す。
　 3 〈It is important＋for＋人＋to＋動詞の
　　原形(eat)〉の形にまとめる。

❸ 1 次の文で，5つの味(taste)を紹介してい
　　ることから判断する。
　 2 空所のあとにbyがあるので，discoverの
　　過去形の受動態was discoveredにする。
　 3 主語はHe，動詞はnamedとし，そのあとは
　　the taste＋umamiの語順にする。
　 4 「〜に知られている」は，be known to 〜。
　 5 〈It is＋so interesting＋for＋人＋to＋
　　動詞の原形(learn)〉の形でまとめる。

❹ 1 「何をすればよいか」をwhat to doとする。
　 2 「〜への行き方」をhow to get to 〜とする。
　 3 「何があなたを怒らせたのか」と言いかえて
　　〈What made you＋形容詞(angry)〉の形
　　でまとめる。

## Lesson 1

**pp.7-8** **Step 2**

❶ 1 灯台　2 港　3 ローストした，焼いた

1

4 〜を翻訳する　5 いつか　6 シリーズ

7 〜をゆでる　8 やわらかい　9 east

10 host　11 climb　12 step　13 already

14 add　15 pass　16 serve　17 ever　18 smell

❷ 1 ア　2 ア　3 イ　4 ア　❸ 1 ア　2 エ

❹ 1 heard of　2 feel like　3 cut up

❺ 1 私はちょうど昼食を食べ終えたところです。

2 あなたはこれまでに東京スカイツリーに行ったことがありますか。

3 彼女はその歌を何度も聞いたことがあります。

❻ 1 (I) haven't had a chance to visit (your country.)

2 (He) has seen the actor on the train before(.)

3 Have you seen the Mona Lisa yet(?)

❼ 1 I have[I've] just come back from school.

2 Have you ever been to Kinkaku-ji Temple?

3 I haven't[have not] written my report yet.

---

考え方

❶ 5 「将来のいつか」という意味で使う。「過去のいつか(ある日)」はone day。

12 名詞で「歩み」という意味もある。

16 「奉仕する」という意味もある。

❷ 2音節語は名詞は前の音節, 動詞はあとの音節を強く発音するのが原則だが, 1 translateはこの例外。動詞だが前の音節を強く発音する。

❸ 1 a nice restaurantが続くことから「〜を勧めてくれてありがとう」とするのが最も自然。

2 現在完了形とともに使えるのは, この場合, before(以前)だけ。

❹ 1 「〜のことを耳にする」は, hear of 〜。

2 「〜のように感じる[思う]」はfeel like 〜。

3 「(玉ねぎなど)を刻む」はcut up 〜。

❺ 1 have just finished+動詞の-ing形は「ちょうど〜し終えたところです」の意味。

2 「行ったことがある」はgoneではなくbeenを使う。gone to 〜とすると「行ってしまった(今ここにはいない)」の意味になるので注意。

3 has+動詞の過去分詞はmany times(回

数を表す語句)があるので「〜したことがあります」となる。

❻ 1 「これまで〜する機会がなかった」は, 過去から現在までの経験を言うので, haven't had a chanceと現在完了形で表す。

2 過去から現在までの経験は, 現在完了形を使って(He) has seen the actorとする。

3 現在完了形の疑問文は, Have you seen 〜?で表す。yetは疑問文では「もう」の意味で文末に置く。

❼ 1 完了形を使ってhave just come back from schoolとする。justはcomeの前に置く。

2 「〜に行ったことがありますか」は, beenを使って現在完了形の疑問文Have you ever been to 〜?とする。

3 「まだ書いていない」は, 現在完了形を使ってhave not[haven't] writtenと表す。「レポートを書く」はwrite a report。

**pp.9-10** **Step ❸**

❶ 1 have climbed, once　2 heard of, series

3 already cut up　4 smells, served

❷ 1 (I) have already bought some seafood (for curry tonight.)

2 Have you ever been to (Canada?)

❸ 1 イ　2 エ

❹ 1 Tomorrow we're going to visit Green Gables!

2 have you heard of her?　3 into

4 私は以前に日本語で『赤毛のアン』の本を読んだことがあります

5 someday　6 feel like

❺ 1 The baseball game has just started.

2 Have you written an email yet?

---

考え方

❶ 1 「1度」はonceとする。

2 「〜のことは聞いたことがない」は, (have never) heard of 〜。

3 「すでに」はalready。cutの前に置く。

4 「出される」はbe servedで表す。

❷ ❶「すでに～を買いました」は，have already bought ～とする。

❷「これまでに～に行ったことがありますか」はHave you ever been to ～?とする。

❸ ❶ 父親の「来週，京都を旅行するよ。」に対しては，イ「待ちきれないわ！」と応じるのが最も自然。

❷ 少女の発言に対して少年は「あんなにきれいな海は見たことがないよ。」と答えているので，空所にはエ「そうだね，その通りだ。」が入る。

❹ ❶ 未来の予定は〈be going to + 動詞の原形〉で表す。

❷「聞いたことがあるのですか」はhear of ～を使い，現在完了形の疑問文にして表す。

❸「(日本語)に翻訳された」はwas translated into Japaneseで表す。

❹ itはThe book *Anne of Green Gables*「『赤毛のアン』という本」を指す。

❺ ❶ 主語はThe baseball game。「ちょうど始まったところです」を，現在完了形を使いhas just startedとする。

❷「メールを書く」はwrite an email。現在完了形を使って表し，yet「もう」は文末に置く。

### Lesson 2

### pp.12-13  Step ❷

❶ ❶ ワシ　❷ ～を守る　❸ 野生動物　❹ 健康な
❺ 銃弾（じゅうだん）　❻ (獲物（えもの）)を狩（か）る　❼ シカ
❽ ～を汚染（せん）する　❾ ～を禁止する　❿ 電気の
⓫ 電気(ガス，水道)　⓬ ～を開発する
⓭ danger　⓮ human　⓯ topic　⓰ since
⓱ o'clock　⓲ century　⓳ kill　⓴ meat
㉑ center　㉒ movement　㉓ against
㉔ shock

❷ ❶ イ　❷ イ　❸ ウ　❹ イ　❸ ❶ イ　❷ ア

❹ ❶ died from　❷ As, result　❸ since then

❺ ❶ コウタは10時間以上ずっと寝ています。

❷ 私は彼を子どものときから知っています。

❸ あなたはどのくらいの間，図書館にいますか。

❻ ❶ (I) have wanted this bag for a long time(.)

❷ (She) has been studying math since (7:30.)

❼ ❶ I have lived in Nara for five years.

❷ I haven't played tennis since last Saturday.

❸ How long has he been playing the piano?

---

考え方

❶ ❼ 複数形もdeer。deersという形はない。

❽「毒」という名詞の意味もある。

⓰ 前置詞(〈since + 名詞〉の形)としても，接続詞(〈since + 文〉の形)としても使う。

❷ 2音節語は，名詞は前の音節を強く発音し，動詞はあとの音節を強く発音するのが原則。

❶ 動詞「～を向上させる」

❸ -tionはその直前の音節を強く発音する。

❸ ❶ 後ろの文で「注意しなければならない」とあるので，空所に入るのはdangers「危険」。

❷「これらのキノコは～」という意味の文で自然なのは，poisonous「有毒な」のみ。medicalは「医学の，医療の」。

❹ ❶「～が原因で死ぬ」はdie from ～。

❷「その結果」はas a result。

❸「そのとき以来」はsince then。

❺ ❶ has been sleepingは「(過去から今まで)ずっと寝ている」という意味を表す。

❷ have known himは「彼をずっと知っている」という意味。sinceは「～以来」の意味。

❸ have been in the libraryは「(今も)図書館にい続けている」という状態を表す。このbeは「いる，存在する」という意味。

❻ ❶「私は～がほしかった」I have wanted ～で始め，文末に時を表す語句for a long timeを置く。

❷「彼女はずっと～の勉強をしている」を，She has been studyingとまとめ，文末にsince (7:30)を置く。

❼ ❶ 現在完了形を使ってI have lived in Naraとし，文末に時を表す語句for five yearsを置く。for「～の間」。

3

**2** 現在完了形でI haven't played tennisとし，文末にsince last Saturdayを置く。

**3** 「どのくらいの間」How longから文を始める。「ピアノを弾き続けていますか」は，has he been playing the pianoと現在完了進行形で表す。

**pp.14-15** **Step 3**

❶ **1** been playing, since, o'clock
**2** facing, dangers, human
**3** hunt deer, meat

❷ **1** (I) have wanted to buy a new smartphone since (last year.)
**2** How long have you had the cat(?)
**3** (Ann) has been running for two hours(.)

❸ **1** ウ **2** エ

❹ **1** from **2** ②deer meat ③meat
**3** lead bullets **4** As a result
**5** has been improving since then
**6** has been working
**7** 彼は野生動物は野生に戻されるべきだと信じています。

❺ **1** It has been sunny for more than a[one] week.
**2** How long have you kept a diary?

**考え方**

❶ **1** 現在完了進行形を使って(has) been playingと表現する。「～から」はsinceで表す。
**2** 「～に直面する」はfaceで表す。「人間の活動」はhuman activities。
**3** deerは単数形と複数形が同じ形。ここは複数の意味で使われている。meatは数えられない名詞。

❷ **1** 「(今までずっと)買いたいと思っている」は，I have wanted to buyの語順。
**2** How longで始めて，現在完了の疑問文〈have you＋動詞の過去分詞形(had)〉～?を続ける。
**3** 「(今までずっと)走り続ける」を，has been runningと現在完了進行形にし，文末にfor two hoursを置く。

❸ **1** 少年は「どのくらいの間，読み続けていますか」と聞いているので，返答は「約1時間の間」と時間の長さを答えているウが正解。
**2** 少女の「この写真を見て！」に対してアとウの返答は不適切。また少年の「すべてのワシが死んでいるよ。」から写真を見たことがわかるのでイも不適切。エが正解。

❹ **1** 「～が原因で死ぬ」はdie from ～。
**2** 「シカの肉」はdeer meat。
**3** themは複数名詞を表すので，前の文から複数名詞を探す。
**4** 現在完了進行形has been improvingを先にまとめ，あとにsince then「そのとき以来」を続ける。
**5** 《「働き続けてきた」》はhas been working。
**6** 「働き続けてきた」はhas been working。
**7** He believes that ～「彼は～ということを信じている」。should be returned to the wildのwildは名詞で，「野生(の状態)」という意味。shouldは「～すべき」の意味。

❺ **1** 「よい天気が(過去から今まで)続いている」は現在完了形で表す。「1週間以上(の間)」はfor more than a[one] weekとする。
**2** 「どのくらいの間～していますか」は〈How long＋現在完了形〉で表す。「日記をつける」はkeep a diaryと言う。

**Lesson 3**

**pp.17-19** **Step 2**

❶ **1** 決勝戦 **2** 選手権 **3** ドローン **4** アプリ
**5** 試すこと **6** 年1回の **7** 友情 **8** 理解
**9** ～を共有する，分かち合う
**10** ドラム，太鼓 **11** パレード
**12** パフォーマー[演奏者，演者，役者など]
**13** contact **14** aim **15** international
**16** culture **17** group **18** various **19** across
**20** interview **21** march **22** avenue

❷ **1** ウ **2** エ ❸ **1** ア **2** イ

❹ **1** problem **2** pick up **3** up to

❺ **1** on **2** to **3** for **4** across

❻ **1** made by **2** built in **3** I read

❼ **1** walking, is **2** eating grass

**3** picture she drew　**4** given to

**❽** **1** 彼は世界中で知られている映画スターです。

**2** これは京都でリクによって撮られた写真の1枚ですか。

**3** 校門に立っている女性はだれですか。

**4** 私が毎週見ているテレビ番組はこのドラマです。

**❾** **1** Who is the student talking with Eri(?)

**2** This is the new amusement park made for children(.)

**3** Are pandas the animal you like (the best?)

**4** The present my father gave me was a nice watch(.)

**❿** **1** Do you know that woman playing the piano?

**2** He has some pens made in Germany.

**3** This is the bag my mother uses every day.

---

考え方

**❶** **6**「月1回の」はmonthly。**12** 動詞にerをつけると「〜する人」の意味になる。**20**「インタビュー」という名詞の意味もある。

**❷** **1** finalのiは[ai]の音。ウが同じ音。ア，イ，エは[i]の音。

**2** droneのoは[ou]の音。エが同じ音。アは[uː]，イとウは[ʌ]の音。

**❸** **1** 主語「京都」が，空所のあとの「多くの外国人観光客」につながる語は，attract「引きつける」しかない。

**2**「祭り」の性格から判断すれば，目的は「国際的な友情」をpromote「促進すること」が自然。

**❹** **1**「問題ありません。」はNo problem.と言う。

**2** pick up 〜で「〜を拾い上げる」の意味。

**3**「最大〜まで」はup to 〜。

**❺** **1**「〜について報告する」はreport on 〜。onは「〜についての」の意味。

**2** connect 〜 to ...で「〜と…をつなげる」。

**3**「無料で〜をもらう」はget 〜 for freeと言う。forが「で」の意味。

**4**「日本の各地」はacross Japanとなる。「世界各地」ならacross the world。

**❻** **1**「父が作ったカレー」→「父によって作られたカレー」という書きかえ。

**2**「この城は1585年に建てられました。」→「これは1585年に建てられた城です。」という書きかえ。

**3** 2文目のitが前の文のthe bookを指す。空所にI readを入れて，後ろからthe bookを説明する形にする。

**❼** **1**「犬を散歩させている」walking his dogが，That boyを後ろから説明する形。dogまでが主語なので2つ目の空所に動詞isを入れる。

**2**「草を食べている牛」を，eatingを使って表す。

**3**「これは絵です」をThis is a pictureとしたあとに，「彼女が描いた」she drewを続け，後ろからpictureを説明する形にする。

**4**「与えられたタブレット型パソコン」はgivenを使って後ろからPCsを説明する形にする。

**❽** **1** a movie starをknown以下が後ろから説明する形。「知られている映画スター」となる。

**2** taken以下が後ろからthe photosを説明し，「〜によって撮られた写真」となる。

**3** standing以下がthe womanを説明し，「校門(のところ)に立っている女性」となる。

**4** I watch every weekという文がThe TV programを説明し，「私が毎週見ているテレビ番組」となる。weekまでが主語。

**❾** **1** 文の骨格は「その生徒はだれですか」Who is the studentである。the studentを後ろからtalking with Eriが説明する形にする。

**2** 文の骨格は「これは新しい遊園地です」This is the new amusement parkである。parkを後ろからmade for childrenが説明する形にする。

**3** 文の骨格は「パンダは動物ですか」Are pandas the animalである。animalをyou like (the best)が後ろから説明する形にする。

**4** 文の骨格は「プレゼントはすてきな腕時計でした」The present was a nice watchであ

る。presentをmy father gave meが後ろ
から説明する形にする。

❿ 1 Do you know that womanで始め, woman
をplaying the pianoが後ろから説明する
形にする。

2 He has some pensで始め, pensをmade
in Germanyが後ろから説明する形にする。

3 This is the bagで始め, bagをmy mother
uses every dayが後ろから説明する形に
する。

**pp.20-21　Step ❸**

❶ 1 various[different], across, attract

2 International understanding / cultures

3 performers joining, marching

4 pick up, right now[away]

❷ 1 (Do) you know the students playing
basketball (in the gym?)

2 (Have) you ever received an email
written in English(?)

3 Listen to the music the band is playing(.)

❸ エ

❹ 1 No problem

2 This is a drone made for people

3 ③イ　⑤ア　⑦ウ

4 connected to　5 up to

❺ 1 The cakes sold at[in] that shop are
delicious.

2 Osaka is the city I like the best.

---

**考え方**

❶ 1 「いろいろな」は, variousまたはdifferent。
「日本中にわたって」はacross Japan。

2 「国際理解」はinternational understanding。

3 「〜に参加しているパフォーマーたち」は
performersを現在分詞joiningが後ろから
説明する形で表す。「行進する」はmarch。

4 「(ごみなど)を拾う」はpick up 〜とする。
「今すぐ」はright nowまたはright away。

❷ 1 文の骨格は(Do) you know the students
である。the studentsをplaying basketball

が後ろから説明する形にする。

2 文の骨格は(Have) you ever received an
emailである。emailをwritten in English
が後ろから説明する形にする。

3 文の骨格はListen to the musicである。
musicをthe band is playingが後ろから
説明する形にする。

❸ 母親の「楽しんでいる？」という質問に少年は
「ここはぼくが長い間訪れたいと思っていた動
物園なんだ！」と言っている。空所に入るのは,
肯定する応答Of course.「もちろん。」が適切。

❹ 1 「問題ありません！」は2語でNo problem!
と言う。

2 文の骨格をThis is a droneとして, drone
をmade for people (like you)が後ろか
ら説明する形にする。

3 ③空所の前に「サービスは簡単にご利用で
きます」とあることと続きの文の内容から,
利用法が順を追って説明されていると考え
られる。③には「最初に」にあたるFirst,
⑤には「それから, 次に」にあたるThenが
入る。⑦は「無料で1回限りのお試しがで
きます」の前に入る語を考える。「今(なら)」
にあたるNowを入れるのが適切。
Thereforeは「それゆえに」という意味。

4 「〜に接続された」はconnected to 〜。

5 「最大〜まで」はup to 〜。

❺ 1 主語のThe cakesをsold at[in] that shop
が後ろから説明する形にする。

2 文の骨格をOsaka is the cityとし, city
をI like the bestという文が後ろから説明
する形にする。

**Reading ①**

**p.22　Step ❷**

❶ 1 苦しむ　2 開花する　3 ディレクター, 監
督(かん)　4 王女　5 〜を受け取る　6 がん(かん)　7 感
銘(めい)　8 献身的な愛情(けんしん)　9 leave　10 rich

11 safe　12 army　13 hunger　14 weak

15 discover　16 marry　17 son　18 mission

19 grow　20 medicine　21 mean　22 deep

❷ ❶ After, while ❷ suffered from
❸ grow up
❸ ❶ of ❷ at ❸ with ❹ on

考え方

❶ ❹「王子」はprince。⓭形容詞形はhungry
「空腹な」。⓮反意語はstrong「強い」。⓱「娘」
はdaughter。㉑名詞形はmeaning「意味」。
❷ ❶「しばらくして」はafter a while。
❷「〜に苦しむ」はsuffer from 〜。
❸「大人になる」はgrow up。
❸ ❶「飢えで死ぬ」はdie of hunger。
❷「戦争中の[戦争状態の](国)」は(a country)
at war。at warが後ろから「国」を説明す
る形。
❸「〜と時間を過ごす」はspend time with 〜。
❹「〜に感銘を与える」はmake an impression
on 〜。

**p.23** **Step 3**

❶ ①ウ ③ア ④イ
❷ ②to protect ⑤suffering ⑧wanting
⑨to give
❸ she knew what UNICEF meant to children
❹ 与えることは生きることのようなものです[に
似ています]。
❺ ⓐ〇 ⓑ〇 ⓒ×

考え方

❶ ①はイを入れて「彼女の子どもの頃の戦争体
験のあと」としてもウを入れて「〜の体験のた
めに」としても可能だが④にはイしか入らない
ので①がウと決まる。③意味的に空所には
that「〜ということ」を入れるのが適切。④カ
ンマの前後に完全な文章がきていることから，
文と文をつなぐ語が入る。前後の内容から，
「彼女の息子たちが大人になったあと」とafter
を入れるのが適切。
❷ ②⑨〈want＋to＋動詞の原形〉で「〜したい」
の意味になる。⑤「戦争と飢えに苦しんでいる
子どもたち」となるように，現在分詞suffering

にして後ろからchildrenを説明する。⑧「〜す
ることをやめる」は〈stop＋動詞の-ing形〉。
❸ 間接疑問文。she knewに続けて，「ユニセフ
が子どもたちにどんな意味を持つか」となるよ
うにwhat UNICEF meant to childrenと，
whatのあとを肯定文の語順にする。
❹ likeは「〜のような，〜に似ている」という意味。
livingは「生きること」。
❺ ⓐ 1文目に(Because of) her war experience
とあり，このwarはあとに出てくる「第二次世
界大戦のこと」なので〇。ⓑ 5文目に「彼女は
第二次世界大戦後，ユニセフから食料と薬を
受け取った」とあるので〇。ⓒ最後の文に「彼
女はいつも子どもたちに希望を与えたかった」
とある。ヘプバーンが子どもたちに希望をも
らったわけではないので×。

**Lesson 4**

**pp.25-27** **Step 2**

❶ ❶ 偉人，伝説的な人物 ❷ 優勝者 ❸ 運動選
手 ❹ メダル ❺ 三段跳び ❻ フットボール
❼ 女性の ❽ 運動競技の ❾ トレーナー
❿ すばらしい ⓫ 負傷した ⓬ 自信 ⓭ 集中
する ⓮ 〜を勇気づける ⓯ (空間的・時間的
な)中間 ⓰ 健康 ⓱ track and field
⓲ gold ⓳ university ⓴ cheer
㉑ record ㉒ official ㉓ victory ㉔ young
❷ ❶ イ ❷ ウ ❸ ❶ イ ❷ エ
❹ ❶ According to ❷ have, look
❸ only, but also
❺ ❶ of ❷ at ❸ up ❹ in
❻ ❶ who[that] is ❷ which[that] has
❸ that are sitting ❹ that[which] I saw
❼ ❶ 彼女は私のクラスで最も速く泳げる少女です。
❷ 私はたくさんのシーフードが入ったいくらか
のピザを食べました。
❸ 私があなたのためにできることは何かありま
すか。
❽ ❶ The man who wrote this book is from
(the UK.)
❷ (I have) a map app which has many

7

**3** (Could you) show me the pictures that you took (in Hokkaido?)

**4** What is the season that you like the best(?)

**9** **1** Do you have any friends who live in Tokyo?

**2** I have a cat which has blue eyes.

**3** Is this the bike that you bought yesterday?

---

考え方

**1** **7** 反意語は male「男の」。 **8** athlete の形容詞形。 **16** 形容詞形は healthy「健康的な」。

**2** **1** イのみ後ろの音節を強く発音し，それ以外は最初の音節を強く発音する。

**2** ウのみ最初の音節を強く発音し，それ以外は真ん中の音節を強く発音する。

**3** **1** 「静かにしなさい。先生が話しているときは授業に～してください」という流れなので，concentrate (on ～)「～に集中する」を選ぶ。

**2** 「皆を～するスピーチ」が成り立つのは，encourage「～を勇気づける(スピーチ)」のみ。

**4** **1** 「～によると」は according to ～。

**2** 「ちょっと見る」は，名詞の look を使った have a look で表す。

**3** 「～だけでなく…も」は not only ～ but also ... で表す。

**5** **1** 「～のうちの 1 つ」は〈one of ＋複数名詞〉。

**2** 「～歳で」は at the age of ～。

**3** 「～を元気づける」は cheer up ～。

**4** 「さまざまな方法で」は in different ways で表す。way は「方法」という意味。

**6** **1** 「あなたは舞台で歌っている少女を知っていますか。」という文にする。先行詞が「人」なので，She を who または that に変えて 1 文にする。

**2** 「彼は大きな庭のある家に住んでいます。」という文にする。It を which または that に変えて 1 文にする。

**3** 「ベンチにすわっている少女とネコを見て。」

という文にする。They を that に変えて 1 文にする。「人＋動物[もの]」は that を使う。

**4** 「私が先週の日曜日に見た映画はわくわくするものでした。」という文にする。 2 つ目の文の it を that か which にして 1 文にする。

**7** **1** 「彼女は少女です」の「少女」を who 以下が説明している形。who 以下の意味は「私のクラスで最も速く泳げる」である。

**2** 「私はいくらかのピザを食べました」の「ピザ」を which 以下(たくさんのシーフードが入った)が説明している形。

**3** 「何かありますか」の「何か」を that 以下が説明している形。that 以下は，「私があなたのためにできる」と訳す。

**8** **1** 文の骨格は「男性はイギリス出身です」である。the man を who wrote this book が後ろから説明する形にする。

**2** 文の骨格は「私は地図アプリを持っています」である。a map app を which has many photos が後ろから説明する形にする。

**3** 文の骨格は「写真を見せていただけますか」である。the pictures を that you took が後ろから説明する形にする。

**4** 文の骨格は「季節は何ですか」である。the season を that you like the best が後ろから説明する形にする。

**9** **1** 文の骨格は「あなたにはだれか友だちがいますか」である。any friends を who live in Tokyo が後ろから説明する形にする。

**2** 文の骨格を「私はネコを飼っています」とし，a cat を which has blue eyes が後ろから説明する形にする。

**3** 文の骨格を「これは自転車ですか」とし，the bike を that you bought yesterday が後ろから説明する形にする。

pp.28-29　Step **3**

**1** **1** female athlete who[that] can

**2** began[started], university

**3** official record

**4** encourages, who, confidence

❷ ① (He is) a singer who is popular all over the world(.)

② (I play) the piano which my grandmother used to play(.)

③ (This is) a game that attracts a lot of people(.)

❸ イ

❹ ① but also　② ウ　③ sounds like

④ According to

⑤ 彼女はけがをした選手を元気づけるやり方[方法]でコミュニケーションをとる[意思を通じ合う]ことができます。

❺ ① He is an athlete who is famous in Japan.

② This is a doll which Eri made.

③ The story that I heard yesterday was true.

---

考え方

❶ ①「女性アスリート」はfemale athlete。関係代名詞はwhoまたはthatにする。

②「始めました」はbeganまたはstarted。

③「公認記録」はofficial record。

④「～を勇気づける」はencourage。「自信」はconfidence。

❷ ① a singerをwho is popular all over the worldが後ろから説明する形にする。

② the piano を which my grandmother used to playが後ろから説明する形にする。

③ a gameをthat attracts a lot of peopleが後ろから説明する形にする。

❸ 少女の発言に対して少年は「ちょっと見せて。」と興味を示している。空所にはThat's nice! が入る。I'm full! は「おなかがいっぱいです！」。

❹ ① 空所の前にnot onlyがあるので，空所に入るのはbut also。

② KentaのWhat's she doing now?「彼女は今何をしているの？」は，動作を聞いているのではなく，「彼女の職業」を聞いている。

③「～のようです」は〈sound like ～〉で表す。主語がIt（三人称単数）なのでsoundsとする。

④「～によると」はaccording to ～。

⑤ which以下がwayを説明する形で訳す。cheer up「元気づける」，injured players「けがをした選手たち」。

❺ ① whoを使ってathleteを説明する形にする。

② whichを使ってdollを説明する形にする。

③ The story を that I heard yesterday が後ろから説明する形にする。

Lesson 5

pp.31-33　Step ②

❶ ① 落ちこんだ　② 調子が悪い　③ うらやんで，ねたんで　④ 優先事項　⑤ 理由　⑥ 加えて　⑦ けれども　⑧ それで，だから　⑨ fight　⑩ advice　⑪ education　⑫ wish　⑬ disagree　⑭ view　⑮ bad　⑯ own　⑰ first　⑱ second　⑲ third　⑳ lastly

❷ ① エ　② ア　③ イ　❸ ① イ　② エ　③ ア

❹ ① Come on　② What's wrong

③ go shopping　④ bad at

❺ ① as　② from　③ for　④ at

❻ ① had, would　② knew, could

❼ ① If I were you, I would study hard.

② I wish I could.

❽ ① もしも今，私に十分なお金があったら，この自転車を買うのになあ。

② 私が世界一のダンサーだったらいいのになあ。

❾ ① (If I had a sister,) I could bake a cake with her(.)

② (If I) were you, I would join the summer camp(.)

③ (I) wish I were good at cooking(.)

❿ ① If I had a sister, I would go jogging with her.

② If I were you, I would go to Kyoto.

---

考え方

❶ ⑥ 形容詞形はadditional「追加の」。⑩ 動詞形はadvise「忠告する」。

❷ ① ア，イ，ウは最初の音節を，エのみ真ん中の音節を強く発音する。② はアのみ最後の音節を，それ以外は真ん中の音節を強く発音す

る。**3** はア，ウ，エは 2 番目の音節を，イの み 3 番目の音節を強く発音する。

**❸** 前後の語句から適切なものを推測する。

**1** 「私の生活上の最優先事項は学校です。」と するのが自然。top priority「最優先事項」。

**2** 「野球の練習は時にはきついです。」とする のが自然。tough「きつい」を選ぶ。

**3** 「多くの動物が地球から消えてしまいまし た。」とするのが自然。disappearedを選ぶ。

**❹** **1** 「まさか！」「冗談言わないで！」という気持 ちでCome on!と言う。

**2** 「どうしたの？」「何か問題があるの？」と いう気持ちでWhat's wrong?と言う。

**3** 「買い物に行く」はgo shopping。

**4** 「〜するのが下手である」は，〈be bad at + 動詞の -ing形〉。

**❺** **1** 「…と同じ〜」はthe same 〜 as …。

**2** 「〜と異なる」はbe different from 〜。

**3** 「〜のための理由」はa reason for 〜。

**4** 「〜するのが上手だ」は〈be good at + 動詞 の -ing形〉。

**❻** 上の文が現在の事実を表しているので，ほぼ同 じ意味にするには「もし〜なら…だ」と現実と は違う「想定」を仮定法を使って述べればよい。

**1** 「もしも時間があればコンサートに行くの に。」となるように過去形hadと助動詞will を過去形にしたwouldを入れる。

**2** 「もしも彼女の家に行く道を知っていれば， 彼女を訪れることができるのに。」となるよ うに過去形knewと助動詞canを過去形に したcouldを入れる。

**❼** **1** 「もしも私があなただったら」はIf I were you。「一生懸命に勉強するのに。」はI would study hard.となる。willをwould とすることが仮定法のポイント。

**2** I wishを用いた仮定法。I wish I could (study abroad).とする。study abroad は省略。

**❽** **1** If節の中の過去形hadと続くI wouldから， 全体が仮定法になっていることがわかる。

**2** 仮定法の文。wish「〜を強く望む」は実現

が困難なことに用いる語なので，wishのあ とにI were やI couldなど仮定法の文が続 く。

**❾** **1** 主語はI，動詞は仮定法なので，I could bake で始めて，文末にwith herを置く。

**2** 「私があなただったら」はIf I were you。 次に〈主語 + 動詞〉をカンマのあとにI would joinと続ける。

**3** 「〜だったらなあ」はI wishを使う。「〜が 上手」はbe good at 〜で表す。

**❿** **1** 「妹がいたら〜のになあ」は仮定法で表す。 前半はIfで始め，動詞を過去形にする。後 半はI would go jogging with her.とする。

**2** 「私があなただったら」はIf I were you。続 けて「行く」will goを過去の形would goと する。

---

**pp.34-35** **Step ❸**

**❶** **1** education, priority **2** What's wrong

**3** go shopping **4** am bad at

**5** As a result, disappeared

**❷** **1** (If) John were here, I could play video games (with him.)

**2** If I were you, I wouldn't do (such a thing.)

**3** (I) wish I could play the piano(.)

**❸** **1** ウ **2** イ

**❹** **1** wish I were the same as other people

**2** disagree **3** different

**4** **同時に，私はスポーツがいちばん上手で， いちばん人気があったらよかったのになあと 思いました。**

**5** good at, bad at

**❺** **1** If I knew the truth, I would tell you.

**2** If I were you, I would take the first train.

**3** I wish I were good at soccer.

---

考え方

**❶** **1** 「最優先事項」はtop priority。

**2** 「どうしたのですか。」は，What's wrong?。 What's wrong with you?と言うこともある。

④ ④「〜が苦手だ」はbe bad at 〜。

⑤「その結果」はas a result。

❷ ① 前半の主語はJohn，後半の主語はIにする。現実とは違うことの想定なので，仮定法の文。それぞれの動詞はwereとcouldになる。

② 「私があなただったら」はIf I were you。「しないでしょう」はwouldn't doとなる。

③ 「〜できたらなあ」はI wish I could 〜。

❸ ① 少年の質問が仮定法になっていることと，「何をしますか」と行動を聞いていることに着目する。答えもそれに合わせる。ウが正解。

② 少年の応答I would take 〜と仮定法になっているのでイ「私があなただったら」を選ぶ。

❹ ① 語群中にwishとwereがあることに着目し，仮定法の文にする。I wish I wereを先にまとめ，the same as 〜を続ける。

② 「意見を異にする」は，1語で言うとdisagree。

③ 「私もほかの人と同じ(same)だったらなあ」をbut I disagreeで否定しているので，sameの反対語になるdifferentを入れる。

④ at the same timeは「同時に」。I wished I wereは「〜だったらよかったのになあ」。best atとmost popularはgood atとpopularの最上級の形で，「(スポーツ)がいちばん上手でいちばん人気があったら」と訳す。

⑤ 「〜が得意[不得意]」はbe good[bad] at 〜。

❺ ① 前半は動詞を過去形knewにし，後半はwillの過去形wouldを使う。

② 「私があなただったら」はIf I were you。後半はwillの過去形を使ってI would take the first train.とする。

③ 「〜だったらなあ」はI wish I were 〜を使う。

**Lesson 6**

**pp.37-39** **Step ②**

❶ ① 労働 ② スウェーデン ③ スウェーデンの ④ 家事 ⑤ 子育て ⑥ 協力する ⑦ 研究者 ⑧ 時間外に ⑨ 確認する ⑩ 〜もまた…ない ⑪ discussion ⑫ related ⑬ health

⑭ common ⑮ wife ⑯ reason ⑰ government ⑱ half ⑲ turn ⑳ discuss

❷ ① エ ② イ ❸ ① ア ② ウ

❹ ① Both, and ② got home ③ the other day

❺ ① As ② of ③ up ④ at

❻ ① related to ② discuss ③ agree / for ④ disagree / against ⑤ How about ⑥ As, before, so ⑦ right / you mean ⑧ Me neither

❼ ① Yes. In my opinion, we should belong to one[a club].

② I think (that) friends are the most important.

③ I don't think (that) there should be[we should have] homework every day.

❽ ① 私は，たくさんの花が見られるから春が好きです[私は春が好きです。なぜなら，たくさんの花が見られるからです]。私はそれらを育てることを楽しんでいます。

② 私は友情は大切だと思います。その理由は人[あなた]は1人では生きられないからです。例えば，あなたが助けを必要とするとき，友だちが助けてくれるでしょう。

❾ ① (In) my opinion, we should get up early (every day.)

② (I) can't agree with you on this point(.)

③ The reason is that we need English to communicate (with foreign people.)

┌ **考え方** ┐

❶ ⑥「〜と協力する」の場合はwithが必要。⑧ work overtimeで「残業する」。⑪ 動詞形はdiscuss。⑬ 形容詞形はhealthy「健康的な」。⑳ この語に「〜について」が含まれるのでaboutは不要。

❷ ① healthのeaは[e]の音。エが同じ音。アとイは[i:]，ウは[ə:]の音。

② halfのaは[æ]の音。[æ:]と伸ばさないので注意。イが同じ音。アとエは[ɔ:]，ウは

**11**

[ə]の音。

❸ 1 「幸せになる」ことと関連する語を選ぶ。get married「結婚する」が正解。

2 人気のある歌手について話すのは生徒にとって「一般的なこと」。commonを選ぶ。

❹ 1 「～も…も両方とも」はboth ～ and ...。

2 「家に着く」はget home。ここは過去形にする。

3 「先日」はthe other day。

❺ 1 「ご存じのように」という意味になるようにAs you knowとする。

2 any ideasが続くので「～を思いつく」という意味になるofが入る。

3 「大人になる，成長する」はgrow up。

4 at most「高くても」とする。

❻ 1 「～と関係がある」は，be related to ～。

2 「～について話し合う」は1語でdiscussと言う。aboutは不要。

3 「私は～に賛成です」は，I agree with ～，I'm for ～の2通りの言い方がある。

4 「私は～に反対です」は，I disagree with ～，I'm against ～の2通りの言い方がある。

5 「～はどうですか」はHow about ～?で表す。

6 「(私が)前にも(言った)通り」はAs (I said) before, ...となる。「そう思う」の「そう」はso。

7 「あなたの言う通りです。」はYou are right.で，直訳は「あなたは正しいです。」となる。「あなたの意味すること」はwhat you mean。

8 「私もです。」と相手に同調する場合，発言中に否定語が入っていると，Me, neither.となる。否定語がない場合は，Me, too.となる。

❼ 1 「私の意見では」はIn my opinion。「すべき」はshould。belong to oneのoneはa clubのこと。英語では繰り返しを避けるためにoneを使う。

2 I think「私は思います」で始める。「友だちが最も大切」はfriends are the most importantとする。

3 I don't think「私は思いません」で始めて，「宿題は毎日あるべき」there should be [we should have] homework every day

を続ける。

❽ 1 I like spring because ...は「私はたくさんの花を見られるから，春が好きです」または「私は春が好きです。なぜなら…」のどちらの訳し方でもよい。〈enjoy＋動詞の-ing形〉で「～することを楽しむ」の意味。

2 2文目は「その理由は，～(だ)からです。」と訳す。このyouは「(一般的に)人」という意味で使っている。

❾ 1 「私の意見では」In my opinionから文を始め，〈主語＋動詞〉の順番でwe should get up ～と続ける。

2 Iが文頭に出ているので，動詞部分can't agreeを続ける。「この点では」on this pointは最後に置く。

3 「その理由は～だからです」はThe reason is that ～とする。「私たちは英語が必要」はwe need English。

## pp.40-41 Step 3

❶ 1 discussion, related to  2 discuss, think of  3 common reasons  4 agree, health

❷ 1 (I believe) it is important to do the work (you love.)

2 (I) do not understand what you mean(.)

❸ 1 ア  2 エ

❹ 1 ①How about you  ②in my opinion  ③I agree with Bob  ④You're right

2 I see what you mean

3 **働くことも自分のために時間を使うことも両方とも大切です。**

❺ 1 We will talk about our school trip today.

2 Do you agree with me?

考え方

❶ 1 「～と関係がある」はbe related to ～。

2 「～について話し合う」はdiscuss ～。aboutは不要。

3 「一般的な理由」は，some of theのあとなのでcommon reasonsと複数形にする。

4 「～に賛成です」はagree with。

**❷** ① 「～することが大切である」は，〈it is＋形容詞＋to＋動詞の原形〉で表す。

② 「あなたが意味していること」はwhat you meanの語順。

**❸** ① 少年は少女の質問にYes.と答えたあとで，「自転車をとても気に入っている。」と言っている。この会話の流れに合うのはアのみ。

② 「制服を着るべきだと思わない」という少女の意見に，少年は「学校では好きな服を着ることができるようにすべき」と同調している。少女がI don't think ...と否定の形で発言しているので，少年の「ぼくも同じです。」は，Me, too.ではなく，エのMe, neither.となる。

**❹** ① ①「～はどうですか」はHow about ～?。②「私の意見［考え］では」はIn my opinionとする。③「賛成する」の動詞はagree。④2語という指示なので短縮形You'reにする。

② 「わかります」はI seeで表現し，seeの目的語をwhat you mean「あなたが言おうとしていること」とする。

③ both ～ and ...は「～も…も両方とも」の意味。working「働くこと」とspending time for ourselves「自分のために時間を使うこと」はともに動名詞で，ourselvesまでが主語。

**❺** ① 「私たちは～について話します」はaboutを使うという指示なので，We will talk aboutとする。today「今日」は，ふつうは文末に置く。「今日」を強調するときに文頭に置く。

② 「～に賛成です」はagree with ～。疑問文なのでDoで始める。

---

## Lesson 7

**pp.43-45** **Step ❷**

**❶** ① 断る ② 腐る ③ 責任 ④ 解決策 ⑤ 問題 ⑥ 視点 ⑦ 論題 ⑧ 肯定の ⑨ 否定の ⑩ 過程 ⑪ ～を提供する ⑫ 答える ⑬ ～を許可する ⑭ ～について，～に関して ⑮ debate ⑯ though ⑰ waste ⑱ research ⑲ lose ⑳ possible ㉑ meal ㉒ side ㉓ prepare ㉔ include ㉕ store ㉖ cost ㉗ price ㉘ risk ㉙ speech

㉚ pay

**❷** ① ウ ② ア ③ ア ④ ウ **❸** ① エ ② イ

**❹** ① took[brought] home

② see / good point ③ turn

④ from, perspective

⑤ strongly disagree ⑥ even if

**❺** ① for ② out ③ between ④ as

**❻** ① discuss, issue[problem]

② According to, lost ③ For example

**❼** ① 私は廃棄物［ごみ］を減らすことは1つの解決策だと信じています。

② 私はすべての生徒がボランティア活動をすべきであるということに反対します。

③ 理由を説明していただけますか。

**❽** ① In the process of delivering things(, we pollute the air.)

② The same can be said about (burning things.)

③ (From) my point of view, we should not (buy or sell animals.)

**❾** I disagree with[I'm against] the idea. I have two points. First, school lunches are healthy. They have a lot of vegetables. Second, they are warm. So they are delicious. For these reasons, I think school lunches are better than boxed lunches. That's all.

---

考え方

**❶** ② 「甘やかす」という意味もある。

⑭ 前置詞としての働きをする。

⑮ 「討論する」という意味の動詞としても使う。

**❷** ① 最後の音節を強く発音する。

②③は最初の音節を強く発音する。

④ -tionはその直前の音節を強く発音する。

**❸** ① 天候の話である。「東京の夏は暑く(hot)，湿度が高い(humid)」とするのが適切。

② 「家で食べること」が減らすものは，family budget「家族予算→家計」。

**❹** ① 「～を持ち帰る」はtake[bring] home ～。

② 「なるほど」はI see.となる。「いい点」は，

good pointとする。pointには「点」以外に、「論点，要点」という意味もある。

3 「〜の番」はturn。

4 「異なった視点」はdifferent perspective。

5 「強く」はstrongly。「〜に反対する」はdisagree with 〜。このstronglyは，disagreeを修飾するのでdisagreeの直前に置く。

6 「たとえ〜としても」はeven if 〜で表す。

❺ 1 「〜を求める，要求する」はask for 〜。

2 「外食する」はeat out。

3 「〜と…との違い」はthe difference between 〜 and …と言う。

4 「〜を…と定義する」はdefine 〜 as …と言う。ここでは受動態の使い方。

❻ 1 「〜について話し合う」は，discusである。aboutは不要。「〜の問題」はissueまたはproblemとする。

2 「〜によると」はaccording to 〜。

3 「例えば」はfor example。

❼ 1 I believe (that) 〜 で「私は〜(ということ)を信じます」の意味。信じる内容がreducing waste以下の文である。thatは省略されている。

2 I disagree that 〜「〜ということに反対です」。do volunteer activitiesは「ボランティア活動をする」の意味。

3 Could you please 〜「〜していただけますか」という意味のていねいな依頼。

❽ 1 「〜する過程で」はin the process of 〜。「ものを配達すること」はdelivering things。

2 「同じこと」はThe same。「〜に(ついて)も言えます」はcan be said aboutと受動態で表す。

3 「私の考えでは」はFromがあるのでFrom my point of viewとする。point of viewは，perspectiveと同じ意味。

❾ 意見を述べるにあたっての流れを追っていこう。

主張：「その考えに反対です。」I disagree with the idea.またはI'm against the idea.でも表せる。

「2つのポイントがあります。」haveを使うので，

I have two points.とする。

主張の理由1：「第1に，給食は健康的です。」First, school lunches are healthy.

理由1の具体例：「それらにはたくさんの野菜が入っています。」They have a lot of vegetables.

主張の理由2：「第2にそれらは温かいです。」Second, they are warm.

理由2のサポート文：「だから，それらはおいしいです。」So, they are delicious.

最後にFor these reasonsを使って，主張をくり返してまとめている。さらにThat's all.「以上です。」でしめくくっている。

## pp.46-47  Step 3

❶ 1 Though, price　2 prepared, meal, out
3 debate, food waste
4 According to research

❷ 1 (We need to) think about issues from different perspectives(.)
2 What is the difference between work and labor(?)
3 Burning a lot of food can cause air pollution(.)

❸ ウ

❹ 1 We have two points
2 ②First　⑤Second
3 政府の調査は年間600万トン以上の食品が失われていると報告しています。
4 エ　5 That's all.
6 主張：All restaurants in Japan should introduce doggy bags.
　2つのポイント：food loss / family budget

❺ 1 I strongly disagree with this opinion.
2 Would[Could] you explain the reason?

---

考え方

❶ 1 「好きだけれども」はI likeの前にThough「〜だけれども」を置いて表す。

2 「食事の準備をする」はprepare a meal。「外食をする」はeat out。

3 「食品廃棄物」はfood waste。

**4**「調査によると」はaccording to research
と表す。researchは無冠詞で使う。

**❷** **1**「異なる視点から」はfrom different
perspectivesとする。

　**2**「〜と…との違い」はthe difference
between 〜 and ...とする。

　**3** burning a lot of foodが主語。「〜を引き
起こすことがある」はcan cause 〜。

**❸** 少女の「生徒は日曜日も含めて毎日勉強すべ
きだと思う。」という主張に対して、少年は「少
なくとも日曜日は、ほかのことに時間を使う
べきだ」と言っている。少女に同意していない
ので、ウI disagreeを選ぶ。

**❹** **1**「あります」はhaveで表せる。

　**2** ②「第1に」はFirst。⑤「第2に」はSecond。

　**3** この文の主語はGovernment research「政
府の調査」、動詞はreports「報告している」。
reportsのあとにthatが省略されている。

　**4** 下線部④を含む文の意味は「私たちがレス
トランから残り物を持ち帰るならこの(食
品)ロスを〜することは可能です。」なので、
空所にはエ「減らすこと」が入る。

　**5**「以上です。」はThat's all.と表す。

　**6** 主張は最初に述べることが多い。ここも最初
の1文である。2つのポイントはfood loss
「食品ロス」とfamily budget「家計」である。

**❺** **1**「私は強く反対します、この意見に」の順番
でまとめる。

　**2**「〜していただけますか」はWould[Could]
you 〜。「理由を説明する」はexplain the
reason。

**Reading ②**

**p.48** **Step 2**

**❶** **1** 祈り　**2** 富，財産　**3** 〜に影響を与える
**4** 記念の　**5** 原子(力)の　**6** 爆弾
**7** 破壊する　**8** 立ち直る　**9** ひどい
**10** 決意する　**11** 死，破滅　**12** それ自身
**13** fact　**14** drop　**15** base　**16** difficulty
**17** reality　**18** decision　**19** bright
**20** realize　**21** importance　**22** repeat

**❷** **1** carry on with　**2** brought up
**3** In fact

**❸** **1** as　**2** in　**3** on　**4** at

**考え方**

**❶** **1** 動詞形はpray「祈る」。**3**「〜を含む」という
意味でもよく使う。**6** 最後のbは、発音しない。
**13** 同意語にtruth「真実，事実」がある。**16** 形
容詞形はdifficult。**21** 形容詞形はimportant。

**❷** **1**「がんばり通す」はcarry on with。carry
onは「〜し続ける」という意味。

　**2**「〜を育てる」はbring up 〜。

　**3**「実際」はin fact。

**❸** **1**「〜のような」はsuch as 〜。

　**2**「(バスが)運行していない」は(The bus) is
not in service.とin serviceを使う。

　**3**「〜に基づいている」はbe based on 〜。

　**4**「〜にショックを受ける」はbe shocked at 〜。

**p.49** **Step 3**

**❶** これまでに聞いたことがありますか

**❷** ②based on　④ carry on with

**❸** This work shows us how people in
Hiroshima lived

**❹** who　**5** ⓐ×　ⓑ×　ⓒ○

**考え方**

**❶** Have you ever heardにあたる日本語「これ
までに聞いたことがありますか」が入る。

**❷** ②には「〜に基づいた」based on 〜が入る。
過去分詞bacedが後ろからfilmを説明する形。
④には「〜をがんばり通す」にあたるcarry on
withが入る。

**❸** 〈show＋人＋もの〉の語順にする。〈もの〉にあ
たるのがhow people in Hiroshima lived。

**❹** 下線部の直前にa little girlがあるので、人
を先行詞とする関係代名詞whoを選ぶ。

**❺** ⓐ こうの史代さんはマンガの作者。映画はこ
のマンガを原作にしているだけ。ⓑ すずが失っ
たのは家族ではなく、手。家族を失ったのは
すずが育てようと決めた少女。ⓒ 本文の最後

の2つの文に合致する。

Further Reading ①

**p.50** **Step 2**

❶ 1 ペンキを塗る　2 塀（へい）　3 おば　4 罰（ばっ）する
　5 冒険（ぼうけん）　6 瞬間（しゅんかん）　7 好奇心（こうきしん）を示す
　8 入念に，注意深く　9 喜び　10 すべての
　11 angry　12 decide　13 laugh　14 pocket
　15 dark　16 shout　17 trouble　18 entire
　19 law　20 desire
❷ 1 free to　2 as possible　3 wondered if
❸ 1 at　2 of　3 in　4 by

---

考え方

❶ 1 名詞形も paint「ペンキ，絵の具」。　3「おじ」は uncle。　8 形容詞形は careful「注意深い」。　17「面倒[迷惑]（めんどう）をかける」という意味の動詞としても使う。

❷ 1「自由に〜できる」は，be free to 〜。
　2「できるだけ速く」は as fast as possible。
　3「〜だろうかと思いました」は I wondered if 〜。

❸ 1「〜に怒る」は get angry at 〜。
　2「〜の代わりに」は instead of 〜。
　3「〜に困っている，面倒に巻き込まれる」は be in trouble。
　4「〜に立ち寄る」は come by 〜。

**p.51** **Step 3**

❶ ①ベンはリンゴを食べるのを止めました。
　⑥彼らは立ち止まって笑いました
❷ must be done　3 ③to　④While
❹ again and again
❺ 人は手に入れにくいものを強く欲しがる[望む]ものだ。
❻ ⓐ×　ⓑ○　ⓒ○

---

考え方

❶ ①〈stop + 動詞の -ing形〉は「〜することを止める」の意味。⑥〈stop + to + 動詞の原形〉は「立ち止まって〜する」の意味。stop は後ろに動詞の -ing形がくるか to不定詞がくるかで意

味が変わる動詞。

❷「されなければならない」にあたる〈助動詞＋受動態〉の形 must be done が入る。

❸ ③「人にものを与える」は，ものを先にすると，〈give + もの + to + 人〉の語順となる。④下線部のあとが〈主語＋動詞〉で文になっているので，カンマ前後の2つの文をつなぐ接続詞 While「〜する間に」を選ぶ。

❹「何度も（何度も）」は again and again。

❺「人間性の偉大な法則」は，このあとの A person will desire something if it is not easy to get. を指している。

❻ ⓐ第1段落9文目の..., but with joy in his heart「心の中では喜んで」に合わないので×。ⓑ第3段落1文目の By the end of the afternoon「午後のうちに」と合致するので○。afternoon はふつう，正午から日の入りまでを指す。ⓒ第3段落の内容と合致するので○。

Further Reading ②

**pp.52-53** **Step 2**

❶ 1 数える，重要である　2 大学　3 専攻（せんこう）する
　4 卒業する　5 飛行　6 計画
　7 〜を信頼する　8 〜に参加する
　9 退職する　10 感銘（かんめい）深い　11 step　12 plate
　13 grade　14 space　15 astronaut
　16 electronic　17 attend　18 meeting
　19 invite　20 head
❷ 1 Count[Rely] on　2 Keep studying
　3 as ever
❸ 1 to　2 At　3 in　4 for
❹ 1 graduated from college　2 ready to
　3 kept working　4 flight, space
❺ 1 (I) often relied on my friends in those days(.)
　2 (The teacher) wants us to remember the new words (we learned.)
　3 (The astronaut) took mankind's first step on the moon(.)
❻ 1 Have you ever been to NASA?
　2 She got married in June.

**3** At that time, my friend(s) called me Miku.

---

考え方

**❶** **3** major in ～で「～を専攻する」。

**4** graduate from ～で「～を卒業する」。

**7** rely on ～で「～を頼みにする」。

**8** participate in ～で「～に参加する」。

**16** 似たつづりのelectricは「電気の」の意味。

**❷** **1** 「～を頼る」はcount on ～。このほかrely on ～も同意。

**2** 「～し続ける」は〈keep＋動詞の-ing形〉で表す。

**3** 「今までと同じように～」はas ～ as ever。

**❸** **1** 「～と関係がある」はrelated to ～。

**2** 「当時」はat that time。in those daysも同じ意味。

**3** 「～に興味がある」はbe interested in ～。

**4** 「私に(とって)は」はfor me。

**❹** **1** 「大学を卒業する」はgraduate from college。過去形にすることに注意。

**2** 「～する準備ができている」は〈be＋ready＋to＋動詞の原形〉。

**3** 「働き続けた」はkept working。

**4** 「飛行をする」はmake a flight。「宇宙」の意味のspaceにはaやtheはつけない。

**❺** **1** 「人に頼る」は〈rely on＋人〉で表す。「当時」はin those daysで，時を表す語句は強調する場合を除いて，ふつうは文末に置く。

**2** 「人に～してほしい」は〈want＋人＋to＋動詞の原形〉の形でまとめる。

**3** 動詞はtook。take a stepで「踏み入れる」の意味。場所を表す語句on the moonは最後に置く。

**❻** **1** 現在完了形を使って，Have you ever been to ～? とする。gone toだと「行ってしまった(今ここにはいない)」の意味になるので間違い。

**2** 「彼女は結婚しました」はShe got married。

**3** 「当時」はAt that time。主語のあとは〈call＋人＋名前〉の語順。

---

**pp.54-55** **Step ❸**

**❶** **1** am interested in　**2** kept playing

**3** rely[count] on

**4** invited, attend, meeting

**❷** **1** エ　**2** was ready to　**3** finding

**4** ④イ　⑤ウ　⑥ア

**5** offered→was offered

**6** People called research mathematicians "computers"

**7** ⓐ×　ⓑ○　ⓒ○

**❸** **1** My mother wants me to go to college.

**2** We call it electronic money.

**3** My father is as busy as ever.

---

考え方

**❶** **1** 「～に興味がある」はbe interested in ～。

**2** 「～し続ける」は〈keep＋動詞の-ing形〉。

**3** 「～に頼る」はrely[count] on ～。

**4** 「会議に出席する」はattend a meeting。

**❷** **1** major in ～は「～を専攻する」という意味。

**2** 「～する準備ができている」は〈be ready＋to＋動詞の原形〉で表す。

**3** findからa math researcherまでが文の主語になっている。よってfindを動名詞finding「見つけること」にする。

**4** ④「～にとって」という意味になるforが入る。⑤「人にものを教える」は「もの」が先にくる場合は〈teach＋もの＋to＋人〉の形。⑥ in the meantimeで「その間に」の意味。

**5** 原文だと「キャサリンが職を提供した」ことになり，不自然。ここは受動態にして「職を提供された」was offeredとする。

**6** 「人を～と呼ぶ」は〈call＋人＋名前〉の語順。

**7** ⓐ第１段落２文目に「キャサリンは数学研究者になる準備ができていた」とあるので×。ⓑ第１段落３文目に「彼女は小学生にフランス語とピアノを教えた」とあるので○。ⓒ第２段落２文目の後半に「彼らの仕事は数字を計算することだった」とあるので○。

**❸** **1** 「人に～してほしい」は，〈want＋人＋to＋動

---

詞の原形〉でまとめる。

  2 「人を〜と呼ぶ」は〈call＋人＋名前〉の語順。

  3 「今までと同じように忙しい」は形容詞busy
をasではさんで，as busy as everとする。

**Further Reading ③**

**pp.56-57**   **Step 2**

❶ 1 解放する，自由にする　2 図　3 労働者
  4 〜を強制する　5 〜から逃げる　6 真実
  7 政治的な　8 支援(しえん)　9 健康的な
  10 教え，教訓　11 dangerous　12 death
  13 clear　14 leader　15 president　16 adult
  17 travel　18 poor　19 spread　20 active

❷ 1 speaking out　2 More and more
  3 In addition

❸ 1 as　2 against　3 with　4 to

❹ 1 Some, others　2 very little
  3 from, until[to]

❺ 1 (The picture) shows us the children's
everyday life(.)
  2 (Our school) invited him to make a
speech (for the students.)
  3 (He) knew how important speaking out
is(.)
  4 (Everyone can) do something to make
the world a better place(.)

❻ 1 Thanks to my parents, I can study
abroad.
  2 His story teaches us an[one] important
lesson.

**考え方**

❶ 1 「自由な」という形容詞の意味もある。2
「数字，人物」という意味もある。5 「〜から
逃げる」の意味では，通例escape from 〜。
8 「支援する」という動詞の意味もある。17
「旅行」という名詞の意味もある。

❷ 1 「はっきりと意見を述べる」はspeak out。
  2 「ますます多くの〜」はmore and more 〜。
  3 「さらに，その上」はin addition。

❸ 1 the sameとあるので，the same 〜 as ...

「…と同じ〜」とする。

  2 「〜と闘う」はfight against 〜。

  3 「〜といっしょに」はtogether with 〜。

  4 「〜のおかげで」はthanks to 〜。

❹ 1 「〜もいれば…もいる」はsome 〜，and
others ...と決まった言い方をする。

  2 「ほとんど〜ない」はvery little 〜で表す。
「少し持っていた」ではなく「ほとんどなかっ
た」と否定の意味になることに注意。

  3 「〜から…まで」はfrom 〜 until[to] ...。

❺ 1 「〜に…を示す」は〈show＋人＋もの〉の語順。

  2 動詞はinvitedで，その目的語はhimとな
る。「人に〜をしてもらうために招いた」は
〈invite＋人＋to＋動詞の原形〉でまとめる。

  3 動詞はknewで，その目的語はhowで始ま
る文。how importantのあとは肯定文の
語順でspeaking out isを続ける。

  4 「何かができます」はcan do something。
「〜するために」はto不定詞で表す。「〜を
…にする」はmake 〜 ...の語順。

❻ 1 「〜のおかげで」はthanks to 〜。「留学す
る」はstudy abroad。

  2 「彼の話は〜を教えてくれます」をHis
story teaches 〜にする。「人にものごと
を教える」は〈teach＋人＋ものごと〉の語順。

**pp.58-59**   **Step 3**

❶ 1 speak out, laborer　2 active[working],
more than, including　3 more and more

❷ 1 collecting, sending
  2 ②イ　⑤ア　⑨ウ
  3 クレイグは，自分[彼]が答えられないたく
さんの質問をされました
  4 イ　5 many children　6 others
  7 understood how important FTC was
  8 Because he was asked many questions
that he could not[couldn't] answer.
  9 ⓐ×　ⓑ○　ⓒ×

❸ 1 Some children are forced to work.
  2 In addition, he listened to the[those]
children's stories.

**考え方**

❶ 1 「はっきり話す」はspeak out。

2 「活動して」はactive[working]。「〜以上」はmore than 〜。「〜を含めて」はincluding。

3 「ますます〜」はmore and more 〜。

❷ 1 動詞startedの目的語になるので，to不定詞か動名詞が続くが，1語という指示があるので，-ing形の動名詞にする。

2 ②「〜にスピーチをする」はgive a speech to 〜。⑤は「〜の間」と期間を表すようにforを入れる。⑨空所の前にfrom「〜から」があるので，それに呼応するuntil「〜まで」を選ぶ。

3 was askedは受け身形で「質問をされました」となる。that以下はquestionsの詳しい説明。

4 ④も⑥も空所のあとにhadという動詞がきていることに着目して関係代名詞を考える。両方とも先行詞が「人」なのでwhoを選ぶ。

5 前に出てくる複数名詞を探す。文の流れからmany childrenになる。

6 空所の前がsome of them「一部の子どもたち」となっているので，それに呼応してothers「ほかの子どもたち」が入る。

7 andは同じ形をした語句をつなぐので，listenedと同じ動詞の過去形understoodがandのあとにくる。その目的語はhowで始まる文「FTCがどれほど大切であるか」になる。

8 質問文の語句を本文中に探すと，4文目に見つかる。カンマのあとにsoとあるので理由は直前にある。解答にあたっては，Whyで聞かれているのでBecauseで答えること，Craigをheにして答えることに注意しよう。

9 ⓐ 2文目に「クレイグは政治指導者や会社の社長に請願書を送った」とあるがFTCの設立を頼まれたわけではないので×。ⓑ 5〜7文目に「クレイグたちがアジアの国々を訪ね，子供たちに会って話をした」ことが書かれてあるので○。ⓒ ほぼ無賃で仕事

をさせられたのは子どもたちで，クレイグとアラムではないので×。

❸ 1 「子どもたちもいます」は，Some children（一部の子どもたち）を使って表す。「〜することを強制される」はbe forced to 〜。

2 「さらに」はin additionを使う。「〜の話を聞く」はlisten to 〜。

**Further Reading ④**

**pp.60-61**　**Step 2**

❶ 1 礼儀正しい　2 ろう獄，ろう屋　3 自然に　4 苦難　5 〜に取り組む　6 勇敢に　7 fisherman　8 boat　9 knife　10 miss　11 enough　12 still　13 question　14 warmly　15 textbook　16 bridge

❷ 1 named, after　2 going well　3 More than anything

❸ 1 of　2 as　3 For　4 up

❹ 1 enough, to　2 In, closed to　3 full of　4 between, and

❺ 1 There are no children living (in this village.)

2 (We) want you to attend the meeting tomorrow(.)

3 (They) give children an education through computers(.)

❻ 1 I want to take the kitten home[take home the kitten].

2 Because of your help, I could pass the exam.

**考え方**

❶ 8 shipが「大型船」を意味するのに対してboatは「小型船」を言う。10 「〜しそこなう」という意味もある。

❷ 1 「人を〜と名づける」は〈name＋人＋名前〉の語順。「〜にちなんで」はafter。

2 「うまくいく」はgo well。ここは進行形にする。

3 「何よりも」はmore than anything。

❸ 1 「何千という〜」はthousands of 〜。

**2** workのあとに職種が続く場合, work as a[an] 〜とすると「〜として働く」の意味になる。

**3** 「例えば」はfor example。

**4** 「あきらめる」はgive up。

**❹ 1** 「〜するのに十分な…」は〈enough ... to + 動詞の原形〉の形で表す。

**2** 「当時」はin those days。「〜に対して門戸[心]を閉ざす」は, be closed to 〜。

**3** 「〜でいっぱいである」はbe full of 〜。

**4** 「〜と…の間」はbetween 〜 and ...。

**❺ 1** There are 〜「〜がいる・ある」の構文。There are no childrenとし, そのあとにliving in this villageを続けて children を後ろから説明する形にする。

**2** 「人に〜してほしい」は〈want + 人 + to + 動詞の原形〉の形。

**3** 「子どもたちに教育を与える」と言いかえて〈give + 人 + an education〉の形でまとめる。through 〜は「〜を通して」。

**❻ 1** take 〜 home「〜を家に連れて帰る」をwant to 〜「〜したい」のあとに続ける。

**2** 「あなたの助けのおかげで」は, Because of your helpとする。「試験に合格できた」はcould pass the examと過去形にする。

**pp.62-63 Step ❸**

**❶ 1** named, after　**2** More than anything
**3** textbook, full of　**4** bridge between, and
**❷ 1** ①エ　③ア　④ウ　⑥イ
**2** in those days　**3** was able to
**4** 万次郎はアメリカについて何でも知っている唯一の人でした。
**5** called, to　**6** with Perry went well because of Manjiro's help
**7** ⓐ×　ⓑ○　ⓒ×　ⓓ○
**❸ 1** I didn't have enough money to buy an umbrella.
**2** I will miss you if you go back to Japan. [If you go back to Japan, I will miss you.]

**考え方**

**❶ 1** 「〜は…と名づけられた」は〈name + もの + 名前〉を受け身の形にして, 〜 was named ... とする。「〜にちなんで」はafterで表す。

**2** 「何よりも」はmore than anything。

**3** 「〜でいっぱいです」はbe full of 〜。

**4** 「〜と…の間の」はbetween 〜 and ...。

**❷ 1** ①カンマの前の文は「帰りたかった」, あとの文は「帰れなかった」と逆のことを言っているのでbutを選ぶ。③「(捕まらないように土佐ではなく琉球で船を降りたのに)それでも」という意味でstillを選ぶ。④「1年後」という意味になるafterが適切。⑥「黒船, つまり, 黒い船」の言いかえはorで表す。orには「つまり, すなわち」の意味がある。

**2** 「当時」はin those days。

**3** can = be able to 〜なので「〜することができた」は3語のwas able to 〜で表せる。

**4** 関係代名詞who以下がpersonを説明する形の文。

**5** 「〜を…に呼び出す」はcall 〜 to ...。ここは過去形にすることに注意。

**6** 「〜との会談」はwith 〜をmeetingのあとに続ける。because of 〜「〜のおかげで」は最後に置く。

**7** ⓐ万次郎が捕まったのはin Americaではなくin Ryukyuなので×。ⓑ4文目に合致する。ⓒ第3段落2文目に「万次郎はアメリカについて何でも知っている唯一の人」とあるので×。ⓓ第3段落6文目と合致する。

**❸ 1** 「〜するのに十分なお金」は〈enough money to + 動詞の原形〉の形で表す。

**2** 「もしあなたが日本に帰ったら」はif you go back to Japanで, 文頭にも文尾にも置ける。「〜がいなくて寂しくなる」はI will miss youと未来の形にする。

# テスト前 ☑ やることチェック表

① まずはテストの目標をたてよう。頑張ったら達成できそうなちょっと上のレベルを目指そう。
② 次にやることを書こう（「ズバリ英語〇ページ，数学〇ページ」など）。
③ やり終えたら□に✔を入れよう。
　最初に完ぺきな計画をたてる必要はなく，まずは数日分の計画をつくって，
　その後追加・修正していっても良いね。

| 目標 |
|---|

|  | 日付 | やること1 | やること2 |
|---|---|---|---|
| 2週間前 | ／ | ☐ | ☐ |
|  | ／ | ☐ | ☐ |
|  | ／ | ☐ | ☐ |
|  | ／ | ☐ | ☐ |
|  | ／ | ☐ | ☐ |
|  | ／ | ☐ | ☐ |
|  | ／ | ☐ | ☐ |
| 1週間前 | ／ | ☐ | ☐ |
|  | ／ | ☐ | ☐ |
|  | ／ | ☐ | ☐ |
|  | ／ | ☐ | ☐ |
|  | ／ | ☐ | ☐ |
|  | ／ | ☐ | ☐ |
|  | ／ | ☐ | ☐ |
| テスト期間 | ／ | ☐ | ☐ |
|  | ／ | ☐ | ☐ |
|  | ／ | ☐ | ☐ |
|  | ／ | ☐ | ☐ |
|  | ／ | ☐ | ☐ |

QRコードのページに登録すると，「ぴたリンク」からも表をダウンロードできるよ

① まずはテストの目標をたてよう。頑張ったら達成できそうなちょっと上のレベルを目指そう。
② 次にやることを書こう（「ズバリ英語〇ページ，数学〇ページ」など）。
③ やり終えたら□に✔を入れよう。
　　最初に完ぺきな計画をたてる必要はなく，まずは数日分の計画をつくって，
　　その後追加・修正していっても良いね。

| 目標 |
|---|
|  |

|  | 日付 | やること1 | やること2 |
|---|---|---|---|
| 2週間前 | ／ | ☐ | ☐ |
|  | ／ | ☐ | ☐ |
|  | ／ | ☐ | ☐ |
|  | ／ | ☐ | ☐ |
|  | ／ | ☐ | ☐ |
|  | ／ | ☐ | ☐ |
|  | ／ | ☐ | ☐ |
| 1週間前 | ／ | ☐ | ☐ |
|  | ／ | ☐ | ☐ |
|  | ／ | ☐ | ☐ |
|  | ／ | ☐ | ☐ |
|  | ／ | ☐ | ☐ |
|  | ／ | ☐ | ☐ |
|  | ／ | ☐ | ☐ |
| テスト期間 | ／ | ☐ | ☐ |
|  | ／ | ☐ | ☐ |
|  | ／ | ☐ | ☐ |
|  | ／ | ☐ | ☐ |
|  | ／ | ☐ | ☐ |

キリトリ線

英語3年　教育出版版

# ズバリよくでる 直前

# チェック BOOK

- テストに**ズバリよくでる**!
- **重要単語・重要文**を掲載!

**英語**

教育出版版
**3**年

**赤**シートで
何度でも!

# Review Lesson  *Washoku*, or Japanese Cuisine

教pp.4〜8

## ✓ 重要語チェック 英単語を覚えましょう。

**[Review Lesson]**

| | |
|---|---|
| □料理（法） | 图cuisine |
| □機会 | 图chance |
| □基本の | 形basic |
| □〜を発見する | 動discover |
| □〜と名づける | 動name |

| | |
|---|---|
| □knowの過去分詞形 | 動known |
| □シェフ，料理長 | 图chef |
| □フランスの | 形French |
| □伝統 | 图tradition |
| □自分の，自身の | 形own |

## ✓ 重要文チェック 日本語を見て英文が言えるようになりましょう。

**[Review Lesson]**

□あなたは登場人物の描き方を知っていますか。
Do you know <u>how to draw</u> the character?

□私は次に何をすべきかわかりません。
I don't know <u>what to do</u> next.

□私はどこでチケットを買えばよいかわかりません。
I don't know <u>where to buy</u> the ticket.

□いつあなたの家に行けばよいか教えてください。
Please tell me <u>when to come</u> to your house.

□人々はその塔をビッグ・ベンと呼びます。
People <u>call the tower Big Ben</u>.

□彼女の母親は彼女をマーガレットと名づけました。
Her mother <u>named her Margaret</u>.

□その知らせは私を悲しくします。
The news <u>makes me sad</u>.

□私にとってはバランスを保つことが難しかったです。
<u>It was</u> hard <u>for</u> me <u>to keep</u> my balance.

□私にとっては数学の問題を解くことはやさしいです。
<u>It is</u> easy <u>for</u> me <u>to solve</u> math problems.

# Lesson 1 Aya Visits Canada ～Tips ② for Writing

教 pp.9〜20

## 重要語チェック　英単語を覚えましょう。

**[Lesson 1]**

| | |
|---|---|
| □東 | 名east |
| □灯台 | 名lighthouse |
| □主人，ホスト | 名host |
| □登る | 動climb |
| □港 | 名harbor |
| □hearの過去分詞形 | 動heard |
| □〜を翻訳する | 動translate |
| □readの過去分詞形 | 動read |
| □いつか | 副someday |
| □一歩を踏み込む | 動step |
| □もう，すでに | 副already |
| □〜をゆでる | 動boil |
| □やわらかい | 形tender |
| □〜を加える | 動add |
| □(時間が)経つ | 動pass |
| □クリーム | 名cream |
| □バター | 名butter |
| □(食事)を出す | 動serve |
| □これまでに | 副ever |
| □匂いをかぐ | 動smell |

**[Useful expressions]**

| | |
|---|---|
| □案内所 | 名information desk |
| □空港 | 名airport |

## 重要文チェック　日本語を見て英文が言えるようになりましょう。

**[Lesson 1]**

□私はちょうど宿題をし終えたところです。 I **have just finished** my homework.

□以前にその本を読んだことがあります。 I **have read** the book **before**.

□この本を読んだことがありますか。 **Have** you **read** this book?
　——はい，あります。／ —— Yes, I **have**. / No, I **haven't**.
　いいえ，ありません。

□あなたは彼女のことを聞いたことがありますか。 Have you **heard of** her?

□私は(赤毛の)アンの世界にいるようです[ように感じます]。 I **feel like** I'm in Anne's world.

□野菜を切り刻んでください Please **cut up** the vegetables.

**[Useful expressions]**

□横浜スタジアムへの行き方を教えていただけませんか。 **Could you** tell me how to get to Yokohama stadium?

□関内駅で降りてください。 **Get off** at Kannai Station.

✓ 重要語 チェック 英単語を覚えましょう。

[Lesson 2]

| | | | |
|---|---|---|---|
| □ワシ | 名eagle | □(獲物)を狩る | 動hunt |
| □野生動物 | 名wildlife | □シカ | 名deer |
| □危険 | 名danger | □肉 | 名meat |
| □人間 | 名human | □有毒な | 形poisonous |
| □chooseの過去分詞形 | 動chosen | □(施設としての)センター | 名center |
| □トピック | 名topic | □〜を汚染する | 動poison |
| □be動詞の過去分詞形 | 動been | □活動 | 名movement |
| □〜して以来，〜以来 | 接前since | □〜に反対して | 前against |
| □seeの過去分詞形 | 動seen | □使用 | 名use |
| □〜に直面する | 動face | □〜を禁止する | 動ban |
| □〜時 | 副o'clock | □電気の | 形electric |
| □100年間，世紀 | 名century | □ショック | 名shock |
| □〜を殺す | 動kill | □電気(ガス，水道) | 名utility |
| | | □〜を開発する | 動develope |

✓ 重要文 チェック 日本語を見て英文が言えるようになりましょう。

[Lesson 2]

| | |
|---|---|
| □私は横浜に５年間住んでいます。 | I <u>have</u> <u>lived</u> in Yokohama <u>for</u> five years. |
| □どのくらい長く横浜にいるのですか。 | <u>How</u> <u>long</u> <u>have</u> you <u>been</u> in Yokohama? |
| ——こちらには私が小さいときからいます。 | —— I have been here <u>since</u> I was little. |
| □私は３時からずっとこの本を読んでいます。 | I <u>have</u> <u>been</u> <u>reading</u> this book <u>since</u> three o'clock. |
| □多くのワシがシカの肉を食べることが原因で死にました。 | Many eagles <u>died</u> <u>from</u> eating deer meat. |
| □結果として，鉛の銃弾の使用が禁止されました。 | <u>As</u> <u>a</u> <u>result</u>, use of lead bullets was banned. |
| □それ以来，状況は改善されています。 | The situation has been improving <u>since</u> <u>then</u>. |

4

✓重要語 チェック 英単語を覚えましょう。

[Lesson 3]

| | | | |
|---|---|---|---|
| □チアリーディング | 名cheerleading | □友情 | 名friendship |
| □決勝戦出場者 | 名finalist | □理解 | 名understanding |
| □リボン | 名ribbon | □〜を共有する | 動share |
| □キャプテン | 名captain | □グループ | 名group |
| □選手権 | 名championship | □さまざまな | 形various |
| □〜を忘れる | 動forget | □〜にわたって | 前across |
| □forgetの過去形 | 動forgot | □インタビューをする | 動interview |
| □ドローン | 名drone | □パレード | 名parade |
| □アプリ | 名app | □beginの過去分詞形 | 動begun |
| □(を)つかみ取る | 動pick | □パフォーマー | 名performer |
| □キログラム | 名kilogram | □行進する | 動march |
| □試すこと | 名trial | □大通り | 名avenue |
| □〜に連絡する | 動contact | [Project 1] | |
| □年1回の | 形yearly | □便利な | 形convenient |
| □〜を魅了する | 動attract | □最新流行の | 形trendy |
| □目的 | 名aim | □先端技術の | 形high-tech |
| □〜を促進する | 動promote | □楽しい | 形fun |
| □国際的な | 形international | □値段が手ごろな | 形reasonable |

5

☑ 重要文 チェック 日本語を見て英文が言えるようになりましょう。

**[Lesson 3]**

☐ リボンをつけている少女はユウコです。

The girl <u>wearing ribbons</u> is Yuko.

☐ 向こうでテニスをしている少年をごらんなさい。

Look at the boy <u>playing tennis over there</u>.

☐ 木の下で眠っているイヌはタロウのです。

The dog <u>sleeping under the tree</u> is Taro's.

☐ 父はフランスで作られた[フランス製の]車を持っています。

My father has a car <u>made in France</u>.

☐ メキシコで話されている言語はスペイン語です。

The language <u>spoken in Mexico</u> is Spanish.

☐ これは先週の日曜日に父が私に買ってくれた本です。

This is the book <u>my father bought me last Sunday</u>.

☐ これは私が3年前に描いた絵です。

This is a picture <u>I painted three years ago</u>.

☐ 父が私にくれたプレゼントはすてきなカメラでした。

The present <u>my father gave me</u> was a nice camera.

☐ 問題ありません。

<u>No problem</u>.

☐ スカイフライがご自宅にあなたの弁当箱を取りに行きます。

Sky-Fly will <u>pick up</u> your lunch box at home.

☐ スカイフライは最大で15キロまで運ぶことができます。

Sky-Fly can carry <u>up to</u> 15 kilograms.

☐ 今すぐ私たちにご連絡ください。

Contact us <u>right now</u>.

# Reading ① Audrey Hepburn

教pp.42〜46

✓ 重要語 チェック 英単語を覚えましょう。

**[Reading ①]**

| | | | |
|---|---|---|---|
| □ローマの | 形Roman | □王女 | 名princess |
| □女優 | 名actress | □(作品などの)ヒット | 名hit |
| □〜を残す | 動leave | □〜を受け取る | 動receive |
| □leaveの過去分詞形 | 動left | □〜を含めて | 前including |
| □安全な | 形safe | □ハリウッド | 名Hollywood |
| □ドイツの | 形German | □結婚する | 動marry |
| □陸軍, 軍隊 | 名army | □スイス | 名Switzerland |
| □暖炉 | 名fireplace | □canの過去形 | 助could |
| □飢え | 名hunger | □息子 | 名son |
| □苦しむ | 動suffer | □使命, 天命 | 名mission |
| □弱い | 形weak | □growの過去形 | 動grew |
| □開花する | 動bloom | □薬 | 名medicine |
| □演技 | 名acting | □〜を意味する | 動mean |
| □〜の才能を見出す | 動discover | □がん | 名cancer |
| □ディレクター, 監督 | 名director | □深い | 形deep |
| | | □感銘 | 名impression |

✓ 重要文 チェック 日本語を見て英文が言えるようになりましょう。

**[Reading ①]**

| | |
|---|---|
| □ドイツ軍がオランダの支配権を得ていました。 | The German army took over the Netherlands. |
| □ヘップバーンも飢えに苦しみました。 | Hepburn also suffered from hunger. |
| □しばらくして, 彼女はアメリカの監督に見出されました。 | After a while, she was discovered by an American director. |
| □彼女は自分の家族と時間を過ごすことは大切だと思いました。 | She thought spending time with her family was important. |
| □彼女の息子たちが大人になると, 彼女はユニセフと働き始めました。 | After her sons grew up, she started to work with UNICEF. |
| □彼女は人々に深い感銘を与えました。 | She made a deep impression on people. |

7

教pp.47～56

## ✓ 重要語 チェック 英単語を覚えましょう。

### [Lesson 4]

| | |
|---|---|
| □偉人，伝説的な人物 | 图legend |
| □分野 | 图field |
| □優勝者 | 图champion |
| □運動選手 | 图athlete |
| □金の | 形gold |
| □メダル | 图medal |
| □三段跳び | 图triple jump |
| □軽く飛ぶ | 動hop |
| □フットボール | 图football |
| □女性の | 形female |
| □運動競技の | 形athletic |
| □トレーナー | 图trainer |
| □すばらしい | 形terrific |
| □大学 | 图university |
| □(～を)元気づける | 動cheer |
| □負傷した | 形injured |
| □breakの過去分詞形 | 動broken |
| □記録 | 图record |
| □公式な | 形official |
| □これまでで最高の | 形all-time |
| □勝利 | 图victory |
| □小学校 | 图elementary school |
| □自信 | 图confidence |
| □集中する | 動concentrate |
| □～を勇気づける | 動encourage |

## ✓ 重要文 チェック 日本語を見て英文が言えるようになりましょう。

### [Lesson 4]

| | |
|---|---|
| □織田幹雄は金メダルを取った運動選手でした。 | Oda Mikio was an athlete **who** won a gold medal. |
| □私はたくさんの写真が載ってる雑誌を持っています。 | I have a magazine **which** has many photos. |
| □あなたが私にくれた本はおもしろかったです。 | The book **that** you gave me was interesting. |
| □私に見せて！ | Let me **have a look**! |
| □この記事によると，彼女は日本人初の運動競技のトレーナーでした。 | **According to** this article, she was the first Japanese athletic trainer. |
| □彼女は負傷した選手を元気づけます。 | She **cheers up** injured players. |
| □このことが私が自分の演技に集中する役に立ちます。 | This helps me to **concentrate on** my performance. |

8

教pp.57〜67

## ✓ 重要語 チェック 英単語を覚えましょう。

**[Lesson 5]**

| | | | |
|---|---|---|---|
| □助言，忠告 | 图advice | □教育 | 图education |
| □落ちこんだ | 形depressed | □優先事項 | 图priority |
| □調子が悪い | 形wrong | □〜を強く望む | 動wish |
| □うらやんで，ねたんで | 形jealous | □(〜と)意見を異にする | 動disagree |
| □高校 | 图high school | □不得意な | 形bad |

## ✓ 重要文 チェック 日本語を見て英文が言えるようになりましょう。

**[Lesson 5]**

□もし私に兄[弟]がいたらいっしょに
たくさんのことができるのになあ。

If I <u>had</u> a brother, I <u>could</u> do a lot of things with him.

□もし私に兄[弟]がいたらいっ
しょにテニスをするのになあ。

If I <u>had</u> a brother, I <u>would</u> play tennis with him.

□もし私があなただったら，北高
校に行くのになあ。

If I <u>were</u> you, I <u>would</u> go to Kita High School.

□もし私があなただったら，そん
なことはしないでしょう。

If I <u>were</u> you, I <u>wouldn't</u> do such a thing.

□雨が激しく降っています。もしも晴
れていたらテニスができるのになあ。

It is raining hard. <u>If</u> it <u>was</u> fine, I <u>could</u> play tennis.

□私がサッカーが上手だったらなあ。

I <u>wish</u> I <u>were</u> good at soccer.

□私がフランス語を話せたらなあ。

I <u>wish</u> I <u>could</u> speak French.

□私が鳥だったらなあ。

I <u>wish</u> I <u>were</u> a bird.

□自分に忠実でありなさい。

Be <u>true</u> <u>to</u> yourself.

□どうしたの？

<u>What's</u> <u>wrong</u>?

□私は彼と買い物に行くのになあ。

I would <u>go</u> <u>shopping</u> with him.

□まさか！

<u>Come</u> <u>on</u>!

□彼はテニスが下手です。

He <u>is</u> <u>bad</u> <u>at</u> tennis.

教pp.69〜79

## ✓ 重要語 チェック 英単語を覚えましょう。

**[Lesson 6]**

| | |
|---|---|
| □労働 | 图labor |
| □討論 | 图discussion |
| □関係がある | 形related |
| □健康 | 图health |
| □バランス | 图balance |
| □スウェーデン | 图Sweden |
| □一般的な | 形common |
| □スウェーデンの | 形Swedish |
| □家事 | 图housework |
| □子育て | 图child-raising |
| □妻 | 图wife |

| | |
|---|---|
| □協力する | 動cooperate |
| □理由 | 图reason |
| □研究者 | 图researcher |
| □政府 | 图government |
| □半分 | 图half |
| □manの複数形 | 图men |
| □時間外に | 副overtime |
| □順番 | 图turn |
| □確認する | 動confirm |
| □〜もまた…ない | 副neither |
| □〜について話し合う | 動discuss |

## ✓ 重要文 チェック 日本語を見て英文が言えるようになりましょう。

**[Lesson 6]**

□本日の討論は労働と関係があります。
Today's discussion is related to labor.

□本日私たちは校則について話します。
We will talk about school rules today.

□私の考えでは，生徒はもっと多くの本を読むべきです。
In my opinion, students should read more books.

□私たちはペットボトルをリサイクルするべきだと私は思います。
I think we should recycle plastic bottles.

□私はお金が人生でいちばん大事なものだとは思いません。
—私もそう思いません。
I don't think money is the most important thing in life.
— Me, neither.

□私は生徒はボランティア活動に参加すべきだと思います。あなたはどうですか。
I think students should join volunteer activities. How about you?

10

✓ 重要文 チェック 日本語を見て英文が言えるようになりましょう。

□留学についてあなたはどう思いますか。

**What do you think about** studying abroad.

□ご存じのように，生きていくためにはお金が必要です。

**As you know**, you need money to live.

□ところであなたはどう思いますか。

**So**, what do you think?

□私はあなたの考えに賛成です。

**I agree with** your idea. /
**I'm for** your idea.

□私はあなたの考えに反対です。

**I disagree with** your idea. /
**I'm against** your idea.

□私たちは働く必要があります。なぜならば生きていくためにはお金が必要だからです。

We need to work, **because** we need money to live.

□その理由は私はほかの人々のために何かをしたいからです。

**The reason is that** I want to do something for other people.

□本日の討論は労働と関係があります。

Today's discussion **is related to** labor.

□働くことと自分のために時間を使うことは両方とも大切です。

**Both** working **and** spending time for ourselves are important.

□私のお父さんは遅い時間に職場から帰宅します。

My dad **gets home** late from work.

□私は先日スウェーデンの家族についてのテレビ番組を見ました。

I saw a TV show **the other day** about families in Sweden.

□スウェーデンでは，ほとんどの女性が結婚したあとも働きます。

In Sweden, most woman work, even after **getting married**.

□政府は多くて週に44時間働くことを推奨しています。

The government recommends working 44 hours a week **at most**.

# Lesson 7 Debating Doggy Bags ~Project 3

✓ 重要語 チェック 英単語を覚えましょう。

## [Lesson 7]

| | | | |
|---|---|---|---|
| □ディベート | 名debate | □〜を廃棄する | 動discard |
| □ドギーバッグ, 持ち帰り袋 | 名doggy bag | □eatの過去分詞形 | 動eaten |
| | | □使われていない | 形unused |
| □残り物 | 名leftover | □過程 | 名process |
| □けれども | 接though | □〜を準備する | 動prepare |
| □断る | 動decline | □〜を含む | 動include |
| □腐る | 動spoil | □〜を保存する | 動store |
| □責任 | 名responsibility | □強く | 副strongly |
| □システム | 名system | □費用 | 名cost |
| □解決策 | 名solution | □湿度の高い | 形humid |
| □廃棄物 | 名waste | □〜を提供する | 動provide |
| □問題 | 名issue | □価格 | 名price |
| □視点 | 名perspective | □スピーチ, 演説 | 名speech |
| □論題 | 名resolution | □答える | 動respond |
| □話者 | 名speaker | □バクテリア | 名bacteria |
| □肯定の | 形affirmative | □セ氏 | 名centigrade |
| □食品ロス | 名food loss | □冷蔵庫 | 名refrigerator |
| □予算 | 名budget | □すぐに | 副immediately |
| □家計 | 名family budget | □リスク | 名risk |
| □調査 | 名research | □支払う | 動pay |
| □トン | 名ton | □余分に | 副extra |
| □失う | 動lose | □〜を許可する | 動allow |
| □loseの過去形 | 動lost | □〜について | 前regarding |
| □可能な | 形possible | □したがって | 副thus |
| □食事 | 名meal | **[Project 3]** | |
| □否定の | 形negative | □便利な | 形convenient |
| □側 | 名side | □栄養のある | 形nutritious |
| □〜と定義する | 動define | □権利 | 名right |
| | | □〜をくり返す | 動repeat |

12

✓ 重要文 チェック 日本語を見て英文が言えるようになりましょう。

[Lesson 7]

□いっしょにその問題について討論しましょう。

Let's discuss the problem together.

□あなたの番です，山田さん。

It's your turn, Ms. Yamada.

□理由を説明していただけますか。

Would you please explain the reason?

□私はすべてのレストランでドギーバッグを許可するべきだと信じます。

I believe all restaurants should allow doggy bags.

□私は私たちが新聞を読むべきだという考えに反対です。

I disagree with the idea that we should read the newspaper.

□以上です。ありがとうございました。

That's all. Thank you.

□そうですね[あなたは正しいです]。

You are right.

□そうですね[なるほど]。

I see.

□わかりました。

Got it.

□それはいい考えです[その通りです]。

That's a good point.

□その通りです。

Exactly.

□政府の調査によると，年間１万人以上の人が食中毒になっています。

According to government research, over 10,000 people per year get food poisoning.

□だから，ドギーバッグは食品ロスをそれほど多くは減らさないのです。

Thus, doggy bags don't reduce food loss very much.

□これらの理由で，私たちは論題に強く反対します。

For these reasons, we strongly disagree with the resolution.

# Reading ② My Prayer for Peace

## ✓ 重要語 チェック 英単語を覚えましょう。

**[Reading ②]**

| | | | |
|---|---|---|---|
| □祈り | 名prayer | □立ち直る | 動recover |
| □富, 財産 | 名wealth | □困難 | 名difficulty |
| □確かに | 副surely | □映画 | 名film |
| □路線網 | 名network | □ひどい | 形terrible |
| □ほぼ | 副nearly | □決意する | 動determine |
| □記念の | 形memorial | □現実 | 名reality |
| □事実 | 名fact | □大統領 | 名president |
| □復興 | 名reconstruction | □快晴の, 明るい | 形bright |
| □原子(力)の | 形atomic | □死 | 名death |
| □〜を落とす | 動drop | □〜を実感する | 動realize |
| □破壊する | 動destroy | □重大さ | 名importance |
| □驚くべきことに | 副amazingly | □ツル | 名crane |
| □労働者 | 名worker | □くり返す | 動repeat |
| □強さ | 名strength | □それ自身 | 代itself |
| | | □祈る | 動pray |

## ✓ 重要文 チェック 日本語を見て英文が言えるようになりましょう。

**[Reading ②]**

□実際に, 広島の路面電車はそれ自体興味深いものです。
**In fact**, Hiroshima trams are interesting in themselves.

□私は多くの場面にショックを受けました。
I **was shocked at** many scenes.

□すずは, 自分の人生をがんばり通すことを決意します。
Suzu determines to **carry on with** her life.

□彼女は小さな少女を育てることを決意しました。
She determined to **bring up** a little girl.

14

# Further Reading ① Painting the Fence

✓ 重要語 チェック 英単語を覚えましょう。

**[Further Reading ①]**

| | | | |
|---|---|---|---|
| □ペンキを塗る | 動paint | □ふりをする | 動pretend |
| □塀(へい) | 名fence | □船長 | 名captain |
| □おば | 名aunt | □叫ぶ | 動shout |
| □怒っている | 形angry | □面倒なこと，トラブル | 名trouble |
| □〜を決める | 動decide | □好奇心を示す | 形curious |
| □罰する | 動punish | □入念に，注意深く | 副carefully |
| □大声を上げる | 動yell | □しぶしぶ | 副reluctantly |
| □冒険(ぼうけん) | 名adventure | □喜び | 名joy |
| □ひどい | 形awful | □すべての | 形whole |
| □笑う | 動laugh | □payの過去形 | 動paid |
| □ポケット | 名pocket | □全部の | 形entire |
| □陰(いん)うつな，暗い | 形dark | □法則 | 名law |
| □瞬間(しゅんかん) | 名moment | □人間性 | 名human nature |
| | | □〜を強く望む | 動desire |

✓ 重要文 チェック✍ 日本語を見て英文が言えるようになりましょう。

[Further Reading ①]

□トムはしたいことは何でも自由にできました。

□彼のおばのポリーは彼に腹を立てました。

□それで，楽しい1日の代わりに彼は塀にペンキを塗りました。

□トムはできるだけ速くペンキを塗り始めました。

□彼は友だちに何かあげられるだろうかと思いました。

□彼は川船の船長のふりをしていました。

□あなたは面倒に巻き込まれています。

□トムはびっくりした顔をして言いました。

□午後はずっと何度も友だちが立ち寄りました。

□彼らは立ち止まって笑いました。

□午後の終わりまでに彼は豊かになっていました。

Tom was free to do anything he wanted to do.

His aunt Polly got angry at him.

So, instead of a day of fun, he painted the fence.

Tom started to paint as fast as possible.

He wondered if he could give his friends something.

He was pretending to be the captain of a riverboat.

You are in trouble.

Tom said with a surprised look.

The whole afternoon, again and again, friends came by.

They stopped to laugh.

By the end of the afternoon, he was rich.

16

☑ 重要語 チェック 英単語を覚えましょう。

## [Further Reading ②]

| 日本語 | 英単語 | 日本語 | 英単語 |
|---|---|---|---|
| □数える，重要である | 動count | □電子の | 形electronic |
| □歩み | 名step | □計算する | 動calculate |
| □フォーク | 名fork | □軌道 | 名path |
| □皿 | 名plate | □信頼 | 名faith |
| □飛び級する | 動skip | □計算 | 名calculation |
| □学年 | 名grade | □業績 | 名accomplishment |
| □白人の | 形white | □〜に出席する | 動attend |
| □故郷の町 | 名hometown | □会議 | 名meeting |
| □大学 | 名college | □宇宙飛行 | 名spaceflight |
| □専攻する | 動major | □keepの過去形 | 動kept |
| □フランス語 | 名French | □ついに | 副eventually |
| □卒業する | 動graduate | □招待する | 動invite |
| □その間 | 名meantime | □〜に参加する | 動participate |
| □数学者 | 名mathematician | □向かう | 動head |
| □計算する | 動compute | □乗船 | 名board |
| □飛行 | 名flight | □人類 | 名mankind |
| □計画 | 名project | □正確な | 形accurate |
| □宇宙 | 名space | □退職する | 動retire |
| □宇宙飛行士 | 名astronaut | □大統領の | 形presidential |
| □〜を信頼する | 動rely | □感銘深い | 形impressive |
| | | □愛好者 | 名lover |

☑ 重要文 チェック 日本語を見て英文が言えるようになりましょう。

**[Further Reading ②]**

□クラスのみんなが彼女を頼りにしています。

Everyone in the class <u>counts on</u> her.

□その当時，私たちはニューヨークに住んでいました。

<u>At that time</u>, we lived in New York.

□彼女は数学の研究者になる用意ができていました。

She <u>was ready to</u> be a math researcher.

□当時，人々は数学の研究員たちを「コンピューター」と呼んでいました。

People called research mathematicians "computers" <u>those days</u>.

□NASAは最初の電子計算機を信頼していました。

NASA was <u>relying on</u> its first electronic computer.

□キャサリンは会議に出られるかどうかたずね続けました。

Katherine <u>kept asking</u> if she could go to the meetings.

□アポロ11号は3人の宇宙飛行士を乗せて月に向かいました。

*Apollo 11* headed to the moon with three astronauts <u>on board</u>.

□キャサリンの計算は今までと同じように正確でした。

Katherine's calculations were <u>as</u> accurate <u>as ever</u>.

# Further Reading ③ Free The Children

## ✓ 重要語 チェック 英単語を覚えましょう。

**[Further Reading ③]**

| | |
|---|---|
| □解放する，自由にする | 動free |
| □危険な | 形dangerous |
| □わずかな，ほとんどない | 副little |
| □図 | 名figure |
| □労働者 | 名laborer |
| □アフリカ | 名Africa |
| □アジア | 名Asia |
| □catchの過去形 | 動caught |
| □〜を強制する | 動force |
| □じゅうたん | 名carpet |
| □〜から逃げる | 動escape |
| □真実 | 名truth |
| □死 | 名death |
| □はっきりした | 形clear |
| □〜を結成する | 動form |
| □政治的な | 形political |
| □指導者 | 名leader |
| □社長 | 名president |

| | |
|---|---|
| □大人（の） | 名形adult |
| □親類 | 名relative |
| □〜を旅行する | 動travel |
| □貧しい | 形poor |
| □understandの過去形 | 動understood |
| □支援（しえん） | 名support |
| □〜が広がる | 動spread |
| □活動している | 形active |
| □追加 | 名addition |
| □教育的な | 形educational |
| □〜を創設する | 動found |
| □組織 | 名organization |
| □売る | 動sell |
| □健康的な | 形healthy |
| □ワークショップ，研修会 | 名workshop |
| □リーダーシップ | 名leadership |
| □キャンプ | 名camp |
| □教え，教訓 | 名lesson |

## ✓ 重要文 チェック 日本語を見て英文が言えるようになりましょう。

**[Further Reading ③]**

| | |
|---|---|
| □彼は率直（そっちょく）に意見を述べようとしました。 | He tried to <u>speak out</u>. |
| □FTCはますます多くの支援（しえん）を得始めました。 | FTC started to get <u>more</u> <u>and</u> <u>more</u> support. |
| □さらに何百万人もの若者がFTCの慈善（じぜん）事業に参加しました。 | <u>In addition</u>, millions of young people have attended FTC charity. |

**19**

# Further Reading ④　John Mung

教 pp.114〜119

## ✓ 重要語 チェック　英単語を覚えましょう。

### [Further Reading ④]

| 日本語 | 品詞・英語 |
|---|---|
| □漁師 | 名 fisherman |
| □舟（ふね） | 名 boat |
| □〜を難破させる | 動 wreck |
| □swimの過去形 | 動 swam |
| □雨水 | 名 rainwater |
| □〜を救う | 動 save |
| □捕鯨船 | 名 whaling ship |
| □愛称 | 名 nickname |
| □ナイフ | 名 knife |
| □礼儀正しい（れいぎ） | 形 polite |
| □熱心な | 形 eager |
| □礼拝 | 名 service |
| □船員 | 名 sailor |
| □〜がいなくて寂しい（さび） | 動 miss |

| 日本語 | 品詞・英語 |
|---|---|
| □〜を逃す | 動 miss |
| □十分な量［数］（の） | 名 形 enough |
| □ろう獄，ろう屋 | 名 prison |
| □それでも | 副 still |
| □〜に質問する | 動 question |
| □speakの過去形 | 動 spoke |
| □使節 | 名 messenger |
| □温かく | 副 warmly |
| □自然に | 副 naturally |
| □writeの過去形 | 動 wrote |
| □教科書 | 名 textbook |
| □苦難 | 名 hardship |
| □〜に取り組む | 動 tackle |
| □勇敢に（ゆうかん） | 副 bravely |
| □架け橋，橋（か） | 名 bridge |

## ✓ 重要文 チェック　日本語を見て英文が言えるようになりましょう。

### [Further Reading ④]

□船長は彼を船（の名前）にちなんてジョンと名づけました。

The captain <u>named</u> him John <u>after</u> the ship.

□ペリー提督（ていとく）との会合はうまくいきました。

The meeting with Perry <u>went</u> <u>well</u>.

□何よりも，彼は日本とアメリカの架け橋（か）でした。

<u>More</u> <u>than</u> <u>anything</u>, he was a bridge between Japan and America.